JN439136

오빠와 주꾸

오빠와 주꾸

박문자 여덟번째 수필집

추억의·조각보로·엮은
사계절·그리움의·서정

세종출판사

작가의 말

참 오래도 걸었다.
뒤돌아보니 아득하기만 하다.
그 길의 끝자락에서 그리움의 노래를 불러본다.
젊음이 있었기에 견딜 수 있었다.
노력해도 끝이 보이지 않고 힘겨운 일도 많았지만
시간이 많은 걸 해결해주었다.
내가 걸어가는 길 저만치 희망과 행복이 손짓하는
꿈의 오솔길이 보였다.
생각해보면 모두 여행길이었다.
그 길로 걸어 들어가면 아름다운 사계절이 펼쳐지고
산과 들, 바다에서 난 제철 양식이
내 고단한 육신과 영혼의 살을 찌웠다.

계절 따라 언제나 보고픈 사람들의 얼굴이 떠오른다.

내게 무한사랑을 준 그 많던 오빠들은 다 어디로 갔을까.

오빠는 詩였고, 노래였고, 사랑이었다.

나를 키워준 추억자리에 서서

쏜살같이 지나가버린 아쉬운 시간을 부여잡고

애정과 감사의 마음을 담아

여덟 번째 수필집 『오빠와 주꾸』로 엮는다.

빗소리 들으며 나의 서재에서

2022년 한여름

가람 **박 문 자**

차 례

여름,
수박 싹을 품다

봄,
아카시아 끝나는 역

겨울,
달빛에 그리움 걸어두고

가을,
여물어가는 들녘처럼

다시,
집으로

여름,
수박 싹을 품다

오빠라는 시詩

여름비가 며칠째 헙수룩한 도시 골목에도 내린다. 시원한 빗소리에 기대어 나지막이 불러본다. "오빠!" 불러서 가 닿을 수 있기만 하면 얼마나 좋을까. 아무리 불러도 만질 수 없는 이름들이 묵직하게 되돌아와 가슴에 안긴다.

빗소리는 거세지고 세상의 모든 소리가 빗소리와 함께 잠긴 듯하다. 언제 우리들의 시간이 이리도 빠르게 흐른 걸까. 지상에 새들도 오빠들을 따라 다 떠났다.

어린 시절 오빠들이 학교에 가고 나면 기다리는 일을 자청했다. 대청마루에 햇살 조각만 따스하게 내려앉는 동안, 무료하고 나른한 시간이 흘렀다. 오빠들이 얼른 돌아와서 집 안이 오빠들 소리로 가득 차길 바랐다. 단 몇 시간이었지만 기다리는 시간은 길고 길었다. 그 시간은 충분히 기다릴 만했고 행복했다. 돌아온다는 걸 알기에.

이젠 아무리 기다려도 오빠들은 돌아오지 않는다는 걸 자각한다. 혼자 들숨날숨을 불안정하게 내뱉으며 하루를 보낸다. 가만히 있어도, 어떤 동요가 없어도 문득 슬픔이 차오른다. 먼길 떠난 가족을 향한 그리움이 심장에 차올라서 더 이상 담아 둘 수가 없으면 어느 날 길을 가다가도 작은 일에 웃다가도 눈물이 난다.

생각해보면, 여동생이라는 이유로 벅차게 사랑받았다. 귀엽다고 예쁘다고 놀리면 약올라서 오빠들을 쫓아다니며 놀리지 말라고 떼쓰며 울었다. 그러면 또 울보라 놀렸다. 저녁을 하다 달려 나오신 어머니에게 혼나는 것을 보며 울다가 지칠 때쯤, 오빠가 내게 슬며시 등을 내밀었다. 그 든든한 등에 업혀 까무룩 잠이 들곤 했다. 방금 업힌 듯 따스한 체온이 아직도 내 앞가슴에 남아 있는 것 같다. 세월의 거리와는 달리 우리의 온도는 여전하다.

나는 오빠부자다. 산처럼 커 보였던 오빠들 셋이 자기들 방에서 공부하거나 서로 이야기를 나누면 집이 꽉 차게 느껴졌다. 내 아래로 남동생 둘이 태어난 후 가운데 홍일점으로 끼어 십 년을 살았다. 십 년 터울로 내 여동생이 태어나기 전까지 그야말로 온 우주의 사랑이 내게로 향하고 있다는 생각이 들 정도였다. 오죽하면 내 울음소리가 십 리에서 들려도 오빠들이 듣고 달려올 거라고 동네 아이들이 부러워했을까.

이제는 지척의 울음을 듣고도 달려올 사람이 없다. 꿈속에서 멀리멀리 메아리가 되어 오빠들에게 닿도록 울음 우는 날이 잦다. 다행히도 꿈속에서는 한걸음에 달려오는 오빠들이 저만치 보인다. 나는 안도의 숨을 내쉬며 꿈에서 깨곤 한다.

대여섯 살이던 때였다. 대청마루에서 셋째 오빠가 소리 내어 시詩를 읽고 있었다. 낭송이라기보다 시를 풀어서 말을 하듯 그리 읽고 있었다. 그게 부러웠던 나는 한글을 떼지도 못했지만 몇몇 아는 단어와 오빠에게 들은 시를 비슷하게 엮어 읽었다.

오빠가 "엄마야 누나야 강변 살자" 읽으면 나는 "엄마야 누나야 강변 살자. 들에는 들꽃 피고 산에는 참꽃 피고 엄마야 누나야 강변 살자" 노래했다. 그럴 때면 오빠는 둘째 오빠를 불렀다. 참 신기하다고 문자가 시를 읽고 노래를 부른다고, 귀 기울여 들어주었다. 오빠들은 재미가 있는지 한 번 두 번, 자꾸 해보라고 했다. 나는 지치지도 않고 몇 번이고 시를 읽었다가 노래를 했다. 모르는 글자들은 통과하고 내 마음대로 글자를 만들어 넣어가며 말이다. 오빠에게 칭찬을 받은 나는 으쓱해졌다.

늘 한 발자국쯤 우리 뒤에서 그 모든 걸 지켜보던 큰오빠는 말없이 나를 번쩍 안아 하늘에 머리가 닿을 듯이 높이 올려주었다. 오빠들을 따라 시와 책을 읽으며 오빠가 안아 올려준, 내 키보다 조금 높은 그 세상에서 나는 작가의 길을 걸어왔다고 느낀다. 지금도 나는 천천히 느리게 시를 읽는 것을 좋아한다. 글자 한 자 한 자가 모여 이야기가 되면 환희에 차오른다.

돌아보면 내 삶의 중심축이 그들이었다. 자라서 결혼하고 살림을 꾸리며 오빠라는 그늘에서 멀리 떨어져 있어도 그저 그 추억으로 같이 자랐다. "잘한다. 참 잘하네. 우리 문자!" 오빠들이 한 응원의 말을 행복을 부르는 주문 삼아 힘들고 지친 삶의 순간마다 용기를 내어 살아왔다.

오빠는 내게 시詩였고 노래였다. 아직도 오빠가 번쩍 안아 올려준 그 세상에서 나는 살고 있다. 시간이 흘러 오빠들은 그들만의 세상으로 떠났다. 그곳에도 이렇게 여름비가 올 것이다. 오빠도 나를 기억해줄까. 그리워할까. 번쩍 안아 보여주던 세상만큼이나 크게 사랑했던 여동생을.

먼 훗날 그들의 세상으로 내가 가 오빠들을 재회하고 손으로 꾹꾹 눌러 쓴 시 한 편을 읽어주고 싶다. '오빠!'로 시작하는 한 문장의 시를….

나의
첫
반려식물

오랜만에 시장 가는 길이다. 늘 가던 재래시장은 비슷한 풍경으로 세월을 이어왔기에 조금만 변해도 눈에 띈다. 좀처럼 변하지 않던 시장에 제법 큰 옹기 가게가 들어서 있다.

지난 태풍에 장독뚜껑이 날아가 깨져버렸다. 임시방편으로 플라스틱 뚜껑을 덮어 놓은 게 내내 마음에 걸렸다.

구경도 할 겸 장독뚜껑을 살 마음으로 옹기전에 들어간다. 크고 작은 옹기들이 머루알처럼 빛을 내며 그야말로 옹기종기 진열되어 있다. 어릴 때 냇가에서 주워 놀던 차돌 빛도

난다.

좀 둘러보아도 내가 원하는 뚜껑은 안 보인다. 어찌나 유약칠을 많이 했는지 빛이 튕겨 나올 만큼 반질거리기만 하고 왠지 마음이 가지 않는다. 우리 집 독 같지가 않다. 우리 집의 독은 투박하다. 본래 반질거림이 없고 색깔도 까만빛이 아니라 흙빛에 더 가깝다. 만지면 안팎이 약간 거칠고 양쪽에 손잡이 같은 귀가 달려 있다. 때로는 물동이로 쓴다.

이것저것 만지고 있으니 주인아저씨가 찾는 게 있냐고 묻는다. 내가 찾는 뚜껑의 특징들을 말하자 구석에 가더니 뚜껑 하나를 내온다.

"요즘 사람들은 반질거리고 예쁜 걸 찾는데…. 옹기를 좀 아시네요."

아저씨가 건네는 뚜껑은 빛이 좀 덜한 게 투박해 보인다. 마음에 든다. 포장하는 동안 가게 안을 둘러보니 떡시루 같은 게 보인다.

"떡시루가 다 있네요."

"아, 그거 콩나물시룹니다. 하하하."

그러고 보니 떡시루로 하기에는 너무 작다 싶다.

며칠 전 시골에 가서 검정콩을 사 온 게 생각난다. 오래전부터 키워보고 싶던 콩나물을 키워볼 욕심으로 콩나물시루까지 사서 집에 왔다.

콩나물시루를 깨끗이 씻는다. 시루 바닥에 친구가 가져다 준 짚을 깔고 물이 빠지도록 받침대를 만든다. 급하게 콩을 불려 시루에 넣고는 새벽에 약수터에 올라가 길어온 물을 주고 까만 천으로 덮어준다.

하루도 지나지 않아 마음이 조급하다. 물을 한 번 줄 때마다 싹이 나는지 키가 크는지 조바심이 나서 들여다본다. 사흘쯤 지나니 하얀 싹이 나기 시작한다. 그 조그만 시루 안에 있는 콩에서 한 알도 빠짐없이 싹이 돋아나다니, 고 작은 콩이 대견하고 신기하다. 물을 주면서 자세히 들여다본다. 거꾸로 뒤집혀 자라는 게 있어 뒤집어 주려다 그대로 두고 본다. 기특하게도, 며칠이 지나자 다시 제자리를 잡는다. 많지도 않은 콩에서 그렇게 많은 콩나물이 올라오리라 생각하지 못했다. 하루하루가 다르게 키가 자라고 급기야 시루를 넘어 옆으로 빠져나온다.

콩나물을 기른다고 자랑했더니 친구가 놀러 왔다. 친구가 보고는 어이없는 듯 웃는다. 선뜻 까만 비닐봉지로 길게 집을 만들어 올려준다. 어릴 적 어머니가 키우던 콩나물이 그제야 생각난다. 볕 들어가면 안 된다고 덮어 놓으셨던 걸 깜박했다.

어린 시절 고향 집에서도 항상 콩나물을 길러 먹었다. 어머니 방에 콩나물시루가 있었다. 콩나물마다 파란 모자, 노란 모자를 쓰고 있었다. 어머니가 “깨끗이 손 씻고 콩나물 물을 주어라” 시키면 물을 주다가도 빼곡하게 병정처럼 서 있는 콩나물 모자 벗기기 놀이를 했다. 그러다 들키면 어머니에게 혼이 났다. “볕 들어가면 콩나물 망친다.”

길쭉한 시루에서는 항상 물 떨어지는 소리가 났다. 귓가에 울리는 음악 소리였다. 그 소리를 듣고 있으면 아득한 곳으로 흘러가는 것만 같았다.

친구가 돌아가고 일주일도 안 돼서 터질 듯이 쑥쑥 올라오는 콩나물이 마냥 신기해 신이 난다. 생명을 키우는 일이 이렇게나 신명 나는 일이었다니. 아이 셋을 기르면서 맛보았던 행복과는 또 다른 희열이다. 이제 콩나물은 나의 둘도 없는 반려식물이 되었다.

법정 스님의 ‘무소유’가 떠오른다. 지인에게 선물 받은 난초 걱정에 멀리 떠나지도 못하는 사례를 두고 하는 말씀이다. 가진 것에 대한 애착은 집착이라고 했는데 내 이야기인 것만 같다. 매일 수시로 물을 주어야만 하니 콩나물 기르기란 여간한 일이 아니다. 어디 멀리 여행 가는 것도 힘들게 생겼다.

어머니가 그랬다. 잠깐 외출을 한 후에도 오시는 길로 서둘러 들어가서 손수 물을 주고서야 다른 일을 보셨다. 콩나물

콩을 고를 때도 흠이 있는 것은 따로 골라내고 깨끗하고 흠이 없는 것만 가지고 콩나물을 키웠다. 마치 아이를 어르고 키우듯 정성을 쏟아부었다. 어머니가 해 주시던 콩나물 대구찜은 별미였다. 시루를 빠져나올 듯 고개를 쑥 내밀고 있는 콩나물을 한 움큼 뽑아 콩나물 껍질만 골라내고 뿌리째 솥 밑바닥에 수북이 깔고 반쯤 말린 귀한 대구를 넣어 갖은양념을 해서 익힌다. 양념이 고루 밴 콩나물은 사각사각 씹히는 맛이 대구보다 더 좋았다.

콩나물은 그 많던 식구들 배를 부르게 했던 효자 음식이었다. 지난 시절 콩나물은 가난을 이겨내는 서민들의 대표적 찬거리였다. 혹여 먹기 싫어 투정이라도 부리면 콩나물을 많이 먹어야 쑥쑥 키가 큰다는 어른들 말을 믿고 뒤질세라 맛있게 먹었다. 콩나물 반찬으로 며칠을 지내면서도 마냥 행복했던 시절이 옛이야기가 되어버린 것만 같다. 넘치게 누리고 사는 세상에 가난해서 풍요했던 그 시절이 새삼 그립다.

집착이라고 해도 좋다. 새로운 집착이 만들어낸 행복감에 몸살이 날 것 같다. 오늘은 시원한 콩나물국을 끓여 먹어야겠다. 내 몸과 마음을 채우는 반려식물로 소박한 행복을 누리기 위해.

수박 싹을 품다

텅 비었다. 아무도 일어나지 않은 새벽, 무작정 바다를 보러 왔다. 이런 바다에 오고 싶었다. 추적추적 내린 여름비로 바다에는 잔물결이 인다. 젖은 모래사장에는 사람의 발자국 하나 찾아볼 수 없다. 오종종 갈매기 발자국이 전부다.

빗줄기가 굵어지는 소리를 들으며 송정 바닷가에 서 있다. 잔뜩 흐린 하늘과 맞닿은 바다는 빗방울과 파도가 어우러지며 조금씩 잠에서 깨어나고 있다.

얼마나 서 있었을까. 누군가 부르는 소리가 들린다. 대체 누가 나를 부를까? 뒤돌아보니 저쪽 가건물에서 부부가 서서 나더러 빨리 오라고 손짓을 한다.

그들에게로 가려면 왔던 길을 되돌아가야 한다. 발을 디딜수록 모래 속으로 빠져들어 걷기가 힘들다. 벗어나려 용을 쓸수록 늪처럼 더 빠져들었던 힘든 일들이 주마등처럼 지나간다. 나를 부르던 아주머니가 종이컵 커피 한 잔을 건네준다. 바닷바람에 그을린 까만 얼굴에 동정 어린 눈빛이다.

"이렇게 여자가 바다에 혼자 오면 위험합니다." 이른 시각에 여자가 혼자 있는 것이 이상하게 보였던 모양이다.

"새벽 바다가 보고 싶어 무작정 나왔는데 두 분에게 들켜버렸네요."

아무런 생각 없이 나온 내 옷차림이 초라하게 보였을 거라 싶어 변명하다가 되물었다.

"그런데 아주머니는 비도 오는데 왜 이렇게 일찍 나왔어요?"

"친구가 단체 손님을 모시고 온다고 해서 일찍 나왔답니다."

부부는 내가 정말 다른 생각은 없다는 걸 그제야 알았는지 편안한 얼굴이 된다.

"커피 핑계 대고 불렀지만 이른 새벽 바다에 혼자 오는 사람들은 예사로 보이지 않는다니까요. 혹시나 하고요."

바다에 선 후줄근한 내 모습이 그곳에 목숨을 던질 사람처럼 보였는지도 모르겠다 싶어 피식 웃음이 난다. 그게 그리 쉬운가. 목숨 던질 용기가 있으면 더한 일도 했을 것이다.

작은 조각배가 닻줄에 묶인 채 이리저리 흔들리고 있다. 비는 차츰 안개비로 가늘어져 온 바다가 아련하다. 간간이 햇살이 고개를 내민다.

"바다를 잘 아시는 것 같네요. 우린 여기서 수십 년 장사했는데 바다라 하면 이런 바다가 최고지요. 아마 고향이 바닷가인가 봅니다. 바다 곁에 오래 살지 않고는 이런 바다를 모른답니다."

그렇게 시작된 대화에 시간 가는 줄 몰랐다. 운동하는 학생들 몇이 일렬로 서서 모래 위를 달린다. 그 싱싱한 육체를 넋 놓고 보다가 반쯤 먹던 커피잔을 떨어뜨렸다. 컵을 주우려는데 모래 사이로 무언가가 보인다.

연둣빛! 수박 싹이 돋아나 있다. 수박 씨가 모래 위에 뿌리를 내리고 살다니 신기하고 대견하다. 누가 씨를 뿌렸을까.

호기심 어린 표정으로 들여다보는 나에게 아주머니는 활짝 웃으며 사람들이 와서 먹고 버린 수박이나 참외 씨가 가끔 이렇게 싹을 틔운다고, 어떤 땐 조막만 한 열매가 열리기도 한단다.

"먹지는 못해도 생명이라는 게 참으로 질기죠. 저렇게 버려진 씨앗도 제 목숨 부지하는 데 온 힘을 쏟는 걸 보면요."

내게는 바다에 빼앗겨버린 친구가 있다. 한 남자와 열렬한 사랑에 빠졌던 친구는 부모의 심한 반대와 가난 때문에 남자와 헤어졌다. 그러고는 일본 남자와 결혼하여 가난한 자기 집에 꽤 많은 돈을 남기고 떠났다.

떠나기 전날, 나와 같이 밤바다를 오래도록 걸었다. 친구는 울다가 웃고 바다에 몸을 담그기도 하며 저 바다에 자기의 소중한 사랑을 묻고 떠난다고 그 남자에게 전해 달라고 했다. 유언 같은 말을 남기고 부산으로 가는 배에 오르는 걸 본 게 마지막이다. 그날 이후 나는 친구가 사랑하던 사람을 여태 만나지 못해 마지막 고백을 지금껏 전해주지 못했다.

예쁘고 똑똑했던 나의 친구, 언제나 웃음을 잃지 않았지만 나와 둘이서 얘기할 땐 구슬 같은 눈물을 자주 흘려 같이 울기도 했던 친구. 그때 좀 더 힘이 되어 주지 못해 생각할수록 아픔으로 다가온다.

어느새 비가 그치고 엷은 아침 햇살이 바다에 내려앉는다. 바다를 바라보는 내 어깨에도 내려앉는다. 마음을 털어놓을 수 있는 친구 같은 바다. 마음이 답답하거나 외로움이 엄습할 때면 오빠의 자랑 같고 어머니의 품속 같은 바다에 또 올 것이다. 텅 빈 백사장에 돋아난 수박 싹을 마음에 품고 집으로 향한다.

다시
살 수
있다면

오늘은 미련 없이 꼭 버려야지. 벌꿀 두 병을 꺼내어 쏟아 버린다. 마음의 짐이 되어 먹지도 버리지도 못하고 버티던 꿀이다.

여름 한낮의 졸음이 몰려오던 때, 끼이익 쇳소리가 들렸다. 허름한 옷차림에 마음 착해 보이는 새댁이 대문을 들어섰다.
"저, 아주머니, 물 한 잔만 얻어 마실 수 있을까요?"

더위에 얼마나 시달렸는지 무척이나 지쳐 보였다. 물을 권하며 쉬어나 가라 했다. 연신 고맙다고 인사하며 물 한 컵을

단숨에 들이켰다. "고맙습니다. 다니다가 문이 열려 있어 들어오긴 했는데 시원한 물까지 얻어 마시고."

왠지 그냥 가게 하기엔 안쓰러웠다. 냉장고로 달려가 엊저녁에 넣어둔 수박을 썰어 내왔다. 새댁은 삼복더위만큼 지친 삶의 허름한 사연을 꺼냈다.

"저, 아주머니, 이 벌꿀 아주 좋은 꿀인데요. 꿀 안 필요하세요? 저희 시골집에서 벌을 치고 있는데 친정어머니가 갑자기 쓰러져 부산 S병원에 입원했어요. 시집 사는 몸이라 돈도 없고 하는 수 없이 시어머니가 벌꿀 두 병을 주며 팔아서 쓰라고 하시는데 도시 물정을 몰라 팔기가 어렵네요. 아주머니가 도와주시는 셈 치고 이 벌꿀 한 병만 사 주시면 안 될까요?"

벌써 두 눈에 눈물이 고여 있었다. 지금 생각해보면 그녀의 눈물이 아니라 나의 눈물이 고였던 것 같다. 친정어머니의 병환에 얼마나 가슴이 아플까 하는 생각에 여자를 위로하고 모자라는 돈은 옆집 친구에게 빌려서 꿀 두 병을 샀다.

여자는 고맙다고 꾸벅꾸벅 인사를 하며 황망히 대문을 나섰다. 가슴이 찡해왔다. 친정 동생이 다녀간 것처럼 그랬다. 꿀 냄새를 맡아보고 맛도 봐가며 마음 한구석이 뿌듯해졌다. 흥얼흥얼 콧노래를 읊조리고 있는데 돈을 빌려준 친구가 무슨 일이냐며 들어섰다.

시골 새댁에게서 귀한 꿀을 사게 된 이야기를 해주며 토종

꿀로 차라도 타서 먹어 보라고 선심을 쓸 참이었다. 친구는 기가 찬 듯 나를 바라보더니 한숨을 쉬었다.

"이 바보야. 요즘 세상이 어떤 세상인데 남들 다 아는 그런 것에 속았어? 그거 전부 가짜야. 설탕물이나 물엿을 섞어서 만든 거야."

친구가 벌꿀을 먹어 보고 손으로 찍어 흘려내려 보더니 그 여자가 눈물로 팔고 간 그 꿀은 설탕물에다 화학 약품을 섞은 가짜가 분명하다고 했다. 난 이 친구가 뭘 잘 모르고 하는 소리라고, 세상이 다 그런 건 아니라고 그렇게 삭막하게 살지 말라고 나무랐다.

"이런 벌꿀 장수가 한두 사람이니? 넌 똑똑해 보이면서 왜 그렇게 바보짓을 하는지 몰라. 저기 미장원 집도 당했잖아. 파마하러 온 손님들까지 꼼짝없이 속아서 꿀을 다섯 대나 샀다고 난리도 아니었어."

그래도 아니라고 생각하고 싶었다. 시골 아낙의 순진해 보이던 미소가 눈앞에 삼삼했다. 어이없음과 억울함과 서글픔이 한꺼번에 몰려왔다. 온갖 나물에 고추장 확 넣고 양푼에 비빈 밥을 울음을 참고 꾸역꾸역 목구멍에 넘기는 기분이었다. 며칠 동안 꿀병을 거실에 방치하다 싱크대 제일 안쪽으로 숨기듯 아니 버리듯 집어넣고 두 해가 흘렀다.

"친정어머니가 갑자기 병원에…."

그 한마디에 내 모습을 보았고 속아 주었는지도 모른다.

어머니, 하고 불러보면 언제나 가슴이 아픈 만큼 눈물이 맺힌다.

소쩍새 울어대고 산과 들이 푸르게 물들어 보기도 아까울 만큼 싱그러울 때, 어머니가 갑자기 앓아누웠다. 시름시름 몸이 약해져 눈에 이상이 생기고 귀에서 매미 소리가 난다고 했다. 그해 여름은 매미가 어머니 귀에서 부화했는지도 모른다는 생각이 들 정도였다. 어머니는 그렇게 가기 싫어하시던 큰 병원에 진료 받으러 부산에 오셨다.

어머니와 병원에 들렀다가 자갈치 시장에 갔다. 모녀가 오랜만에 두 손을 꼭 잡고 이것저것을 구경하며 걸었다. 자갈치는 생기에 넘쳐 들썩거렸다. 세상 물건은 다 모아놓은 것 같았고 금방이라도 튀어 오를 듯한 생선과 싱싱한 해산물이 가득했다. 어머니의 걸음은 무척 지쳐 보였다. 꿀을 팔러 왔던 아낙의 모습만큼이나 사는 게 힘겨운 모습이었다.

사람들이 빙 둘러 모여 웅성거리고 있었다. 처음 보는 약초를 팔고 있었다. 아주머니들이 서로 사려고 싸우기까지 했다. 호기심에 구경꾼 대열에 끼었다. 장사꾼은 가만히 서 있는데 사는 사람들끼리 약초의 효능에 대해 서로 질세라 이야기를 늘어놓았다. 죽을병에 걸린 사람들이 이 약초를 먹고 씻은 듯이 다 나았으며 어디에서도 살 수 없는 만병통치약이라고 떠들었다. 귀가 솔깃해졌다.

“아주머니, 이 약초는 어떤 병에 좋은 건데요?”

“누가 어떻게 아픈데?”

어머니가 늘 몸이 약했고 귀에서 매미 소리가 들린다고, 그래서 오늘도 큰 병원에 갔다 오는 길이라고 대답했다.

“아이고 잘됐다. 병원이 무슨 소용이 있노? 이 약만 가져가서 달여 먹으면 씻은 듯이 나을끼라. 내 아는 사람도 다 죽다가 이 약 먹고 안 살았나. 저 사람들이 다 사 갈라 하는데 어서 가서 빨리 사라.”

역시 도시가 좋구나 싶었다. 그 약만 먹으면 어머니 병이 다 나을 것 같았다. 모두 다 사겠다고 떠들던 아주머니는 내가 사려고 하면 자기가 양보하겠다며 장사꾼에게 내일 가서 더 많이 가져오라고 했다. 못 미더워하는 어머니를 설득하고 사정하며 다른 사람들이 다 사 가기 전에 사자고 졸랐다. 어머니는 한참을 망설이더니 애걸복걸하는 딸을 보고는 그러자고 하셨다.

돈이 문제였다. 병원비에 쓰려고 가지고 온 돈을 고모할머니 댁에 맡겨 놓았던 것이다. 그 약초를 다 사기로 하고 돈을 맞추어 보니 조금 모자라 약초 장사에게 사정해 약초와 돈을 맞추기로 했다.

약초 뿌리와 환을 담은 보자기를 들고 돈을 가지러 고모할머니 댁으로 향했다. 약초 장사가 일러준 주의사항이 떠올라 조심스러웠다. 약초는 새소리도 들리지 않는 강원도 깊은 산골에서 캐어 왔기 때문에 기도하는 마음으로 먹어야 하며 누구에게도 약초에 대해 함부로 무슨 말을 하면 효험이 적어지고 다 달여 먹을 때까지 싸움해서도 안 되고 나쁜 마음을 먹어서도 안 된다고 당부했다.

할머니께도 말씀드리지 말아야겠다고 하니 어머니는 연신 고개를 갸우뚱 미심쩍어 하는 눈치였다. 고모할머니 집에 도착하자마자 돈을 달라고 재촉했다. 할머니는 큰 병에 걸려 돈이 급히 필요한 줄 알고 놀라다가 내 손에 들려있는 보자기를 보시고는 캐물었다. 난 어머니에게 자꾸 눈을 깜박거리며 말하면 안 된다는 절박한 신호를 보냈다.

할머니는 대문 밖에 웬 낯선 남자가 서성거리는 걸 보았다. 내가 들고 있는 보자기를 뺏어 약을 펴 보시더니 눈치를 채고 불호령이 떨어졌다. 어머니는 어쩔 수 없이 자초지종을 말씀드렸다. 할머니는 뒤따라온 약장수에게 보자기를 냅다 던지며 빨리 파출소로 가자고 했다. 어디 사기 칠 데가 없어 시골에서 병 고치러 병원에 올라온 순진한 사람들에게 사기를 치느냐고, 약 보자기를 들고 파출소로 가든지 그렇잖으면 빨리 사라지라고 소리쳤다. 난 할머니를 원망하며 잘 모르면서 그러신다고 울먹였다. 괜히 어머니가 말씀드려 이렇게 됐다며 어머니와 할머니를 원망하기만 했다.

죽은 사람이 살아난다고 얘기하던 그들 모두가 한패거리였다. 단발머리 소녀와 어리숙한 시골 아줌마 속여 먹기란 식은 죽 먹기보다 더 쉬웠다. 어머니의 병이 낫기만 바라는 철없는 시골 소녀의 소망이 약은 상술에 이용된 것이다. 꿀을 사라고 하던 여자도 그렇고, 효능이 입증되지 않는 민간 처방을 신비의 약초, 불로장생 만병통치약이라고 속여 파는 사람들은 마음이 절박한 사람들에게는 독약을 파는 것이나 다름없다.

약초 장수가 가르쳐준 방법대로 약초를 달여 먹었더라면 어머니께서 일찍 돌아가시지 않았을 거라는 생각이 가끔 든다. 삶에 지친 누군가가 또 나를 찾아와 마법의 약으로 유혹할지도 모른다. 하찮은 나무뿌리가 아니라 한낱 먼지였을지라도 그것이 어머니의 병을 낫게 할 수 있다는 실낱같은 희망을 누군가가 준다면 난 수없이 비슷한 실수를 되풀이할 것이다.

“철없는 아가 그란다꼬 에미도 같이 그라나?”

고모할머니의 불호령을 듣고 처연히 서서 나를 물끄러미

바라보시던 어머니의, 그 말로 표현할 수 없이 미어지는 눈빛을 지금도 잊을 수가 없다.

다시 그 약을 살 수만 있다면, 다시 살 수 있다면….

베 짜는 소리는
멀리
날아가고

지루한 장마가 끝나나 싶다. 거리에 내리꽂히는 햇살이 익은 콩깍지 터지는 소리를 내며 장마의 흔적을 지우고 있다. 유난히 더위를 타는 편이지만 오랜만에 맞는 뜨거운 햇살은 기분을 좋게 한다. 방문이며 창문을 열어놓고 해를 들인다. 장롱문도 열어 장마 내내 습기에 질렸을 옷가지며 이불에 마른 공기를 불어 넣어 주어야겠다.

오래된 장롱을 열자, 옷들이 순식간에 밀려 나온다. 억지로 밀어 넣어 문을 닫아 둔 탓이다. 젊은 시절엔 정리정돈 잘하는 내게 어른들이 "나이 들어봐라. 만사가 귀찮을 거다" 하신 말이 생각난다. 이제는 어디든 정리한답시고 쑤셔 넣고는 어디에 두었는지 찾지 못해 헤매다가 계절을 다 보내기 일쑤다.

밀려 나온 옷을 다시 밀어 넣으려는데 낯익은 삼베가 보인다. 몇십 년 전에 작은이모님이 주신 삼베다.

"성한 에미야, 이거 느그 외할머니가 짠 거다. 갖다 두었다가 더워지면 적삼이나 해 입거라."

유난히 정이 많던 작은이모는 엄마를 일찍 여읜 조카딸을 애잔한 마음으로 보셨다. 외할머니가 이모 시집올 때 며칠 밤을 새워 짠 것이라고 했으니 삼 대를 거쳐 백 년 가까운 세월을 산 삼베다.

햇빛 잘 비치는 곳에서 펴 보니, 삼베는 흠집 한 군데 없이 그대로다. 긴 시간, 긴 장마에도 까슬까슬하니 외할머니의 푸근한 정처럼 오랜 세월이 흘렀어도 방금 짜 놓은 것 같다. 몇 년 전부터 여름에 편하게 입을 민소매 조끼라도 만들려고 생각만 하다가 만, 바로 그런 옷이다.

우리 마을 여자들은 낮에는 들에 나가 일하고 밤이면 베틀에 앉았다. 고단한 몸을 누일 생각도 않고 고깃배를 타고 나간 남편을 기다리며 밤이 늦도록 삼베나 명주를 짰다.

삼은 대개 4월에 씨를 뿌려 7, 8월 소서를 지나서 베어낸다. 삼 잎을 칼날로 쳐내고 다발을 만든 다음 가마에 오래도록 삶은 뒤 껍질을 벗겨 다시 말린다. 이것을 '하루 빛 말리기'라고 한다. 곧 삼 껍질을 벗기고 벗긴 것으로 묶음을 만든다. 벗긴 삼을 다시 물에 담가 우려내고 햇빛에 말린다. 그다음엔 삼을 째는 일이 기다린다. 마당이나 멍석에 삼을 놓고 여럿이 둘러앉아 삼을 짼다. 모시보다 약간 굵게 손톱과 이로 일일이 찢어내어 햇빛에 오래 말린다. 베틀과 여러 가지 도구들이 있어도 굳은살이 터지기를 반복하여 감각이 없어지도록 손으로 삼을 삼았다. 더구나 이로 물고 엮기 때문에 오래 삼을 삼은 여자들의 앞니는 갈라졌다. 이토록 고되고 정성 어린 노동을 거쳐 빛 좋고 질긴 삼베가 나온다. 그렇게 백 년이 지나고 천 년이 지나도 남을 수 있는 작품이 되는 것이다.

우리 마을에는 유난히 삼베 짜는 솜씨가 좋은 집안 언니가 있었다. 길게 땋은 댕기 머리에 박꽃같이 얼굴이 하얀 언니를 어른들은 부잣집 맏며느릿감이라고 탐냈다.

언니가 짠 삼베는 한눈에 보아도 다른 것과 달랐다. 마을 사람들에게 불려 다니며 삼베를 짜 준 언니를 몸이 약한 어머니는 삼베며 명주를 짜기 힘들어 옷감이 필요하면 불렀다. 햇볕 잘 드는 방에 앉아 문을 열어놓고 언니가 베틀에 앉으면 그림 같았다. 겨울이면 명주를 짜고 계절마다 베를 만들어냈다. 노래를 흥얼거리면 덜거덕덜거덕 베틀 소리가 흥을 돋우었다. 베를 짜기 시작하면 언니는 몇 달을 우리 집에서 지냈다. 이른 아침 눈을 떠 보면 언니가 베틀에 앉아 있고 밤이 이슥해서야 집으로 돌아가곤 했다. 그렇게 하루 종일 베틀에 앉아 있어도 베는 참으로 더디게 짜졌다.

나는 베틀 가까이 앉아 소꿉놀이를 했다. 내가 언니가 되기도 하고 엄마가 되기도 하면서 얼른 어른이 되고 싶은 마음에 베 짜는 것처럼 더딘 시간을 탓했다. 얼른 커서 언니처럼 베를 잘 짜서 몸이 약한 어머니께 선물하고 싶었다.

여름이 갔다. 마을마다 지천이었던 감나무 열매가 무게를 견디지 못하고 툭툭 떨어지는 소리가 들리면 삼베가 제법 쌓였다. 언니의 베 짜는 시간이 짧아지면서 자투리 시간이 나자 동무처럼 옆에서 심심풀이 장난을 치며 두런두런 이야기를 들려주었다. 이야기 동무였던 내게 언니는 잘 익은 감을 따서 들고 왔다. 언니네 감은 유난히 달았다. 한 입 베어 물면 입안 가득 단내가 감돌았다. 내가 늦잠을 자면 언니는 베틀 옆에 감을 놓아두었다.

언니의 손은 나무 베틀처럼 거칠고 딱딱했지만 감을 쥐어 주던 손은 어찌나 따뜻하던지 결 고운 삼베는 저리 따뜻한 손에서 나오는 것이라는 생각이 들었다.

외딴집 돌담 위에서
알싸한 감꽃 향기 퍼져가는
내 고향 푸른 마을
하얗게 피어난다

어린 날 꿈이
슬픈 발자국 위에 떨어져
흐르는 구름을 깔고 앉았다
꽃들은 나비 되어 춤추고
감꽃 목걸이 걸어 주던
그 아이 지금은 어디에 있나
그리움은 별꽃처럼 날린다

- 자작시 「감꽃」 전문

다 짜놓은 삼베에 어머니는 풀물을 들였다. 나무껍질을 삶은 물에 삼베를 넣어 고루 물을 들여서 그늘에 말리면 어디선가 날아든 나비 한 쌍이 잠자다 날아갔다. 풀물을 끓이며 올라오는 김에 엄마는 땀을 비 오듯 흘렸다. 어머니 얼굴이 하얗게 김처럼 피어올랐다.

언니의 베 짜는 솜씨와 어머니의 풀물 들이는 솜씨가 합해진 옷과 이불은 마을 사람들의 부러움을 샀다. 치자 열매로 물들인 삼베에는 꽃수를 놓아 홑이불을 만들고 제일 좋은 베는 따로 두었다가 아버지 적삼을 만들었다. 어머니는 식구들 여름옷을 다 해 입히고서야 당신 옷을 만드셨다. 하늘빛 닮은 옥색 모시 저고리를 입고 아버지와 면에라도 가실 때면 세상에서 우리 어머니가 가장 아름다워 보였다. 아버지도 은근히 자랑하고픈지 어머니 가까이서 다정히 걸어가곤 하셨다.

더운 여름에 삼베 옷 입고 죽선 하나 들고 바람을 부르는 상상을 한다. 더위는 사라지고 무릉도원에 누운 듯하다. 며칠 있으면 소서가 다가온다. 올해는 여름이 가기 전에 외할머니가 짠 삼베로 민소매 옷이라도 해 입어야겠다. 치자 열매를 구해 물들여 보고 싶지만 그러다 또 해를 보내 버릴 것 같아 그만두어야겠다. 대신, 삼베 한 올 한 올에 그리움으로 수를 놓아보련다. 언니가 베틀에 앉아 베를 짜는 소리가 들리는 것 같다. 나비 한 마리가 날아든다. 꿈인 듯 그리운 여름이 너무 멀리 날아가고 있다.

호랑이의
너털웃음

부모에게 자식은 하나같이 눈에 넣어도 안 아픈 존재다. 갓난아기는 더욱 그렇다. 하나의 생명이 험난한 세상 문을 뚫고 나온 갸륵함이 느껴져서다. 여린 생명이 긴 세상을 어떻게 살아갈지 생각하면 내가 살아온 생을 돌아보게 된다. 사람의 운명이란 어느 정도 주어진 것이라는 생각이 들기에 작은 생명 하나도 유심히 보는 버릇이 생겼다.

얼마 전 이웃집 새댁이 아기를 낳았다는 소식을 들었다. 마침 미용실에 백일도 채 안 된 아기를 데리고 왔다. 앙증맞은 옷 속에 파묻혀 방긋거리는 아기가 맑은 눈으로 나를 뚫어지게 본다. 해맑고 뽀얀 아기에게 "깍꿍 깍꿍"하며 얼러다가 사랑스러운 마음에 아기를 안아서 흔들었다. 새댁이 큰 거울 속에 비친 내 모습이 불안해 보였는지 너무 흔들면 아기가 놀란다며 어쩔 줄 몰라 한다. 젊은 시절 언젠가 나도 저랬던 게 떠올라 반듯하게 고쳐 안으며 아기가 너무 귀엽다고 칭찬하자 엄마의 얼굴에서 수줍고 만족스러운 미소가 번진다.

어머니의 할머니가 만났다는 호랑이 이야기가 생각난다. 거의 이백 년쯤 되었을 이야기다.

소녀였던 증조모가 마을 친구들과 쑥을 캐러 갔다. 파릇하게 고개 내민 쑥이 지천으로 돋아 있어 한 바구니씩 캐고는 양지바른 언덕에 앉았다. 도시락으로 가져온 감자를 먹다가 바위 밑에서 무얼 발견했다. 솜털이 포실포실한 고양이 새끼들이 해바라기를 하며 올망졸망 모여 앉아 장난치고 있는 게 아닌가.

쑥 바구니를 버려둔 채 가까이 가서 귀여운 고양이 새끼를 한 마리씩 안았다. 볼을 비비기도 하고 가지고 온 감자도 먹여주었다. 집에 데려다 길러야겠다며 "이건 내 동생, 저건 네 동생"하며 이름까지 지어 주었다.

뜻밖의 행운에 좋아하고 있는데 바위 위에서 너털웃음 소리가 났다. 놀라서 쳐다보니 큰 호랑이가 그 광경을 내려다보며 "음허헝" 했다. 할머니와 친구들은 어미 호랑이라는 것을 직감하고는 안고 있던 게 고양이가 아니라 새끼 호랑이라는 걸 알았다. "엄마야!" 비명을 지르며 내려놓고는 혼비백산 집으로 돌아왔다.

소녀들은 너무 놀란 후유증으로 열이 펄펄 나고 앓아누웠다. 부모들은 걱정되어 밤새 뜬눈으로 지새우며 혹시 호랑이가 숨어 있다가 덤벼들까 봐 만반의 채비를 하고 지켰다. 밤을 보내고도 두려워 해가 중천에 뜨는 걸 보고서야 밖으로 나가보니 싸리문 앞에 쑥 바구니에 칼까지 담겨 놓여 있었다. 뒤늦게 사정 이야기를 들은 동네 어른들은 짐승도 자기 새끼 귀여워하는 걸 알고 좋아하는 거라고 했다. 자기 새끼들을 좋아해준 어린 소녀들이 고마워 사람들이 혹시 놀랄까 봐 아무도 몰래 쑥 바구니를 물어다 놓은 것이었다.

며칠 후 마을 청년들이 그 바위 밑으로 가보았다. 호랑이는 이미 새끼들을 데리고 깊은 산중으로 사라져 버린 후였다. 그 후 누구도 호랑이 가족을 본 사람이 없었다. 너무 놀라서 며칠을 앓아누운 소녀들을 걱정했던 배려였을 것이다. 아무것도 모르는 새끼 호랑이들은 자기들을 그렇게 귀여워하며 감자를 먹여준 언니 누나들이 보고 싶어 어미를 따라가며 뒤돌아보지 않았을까. 은혜를 아는 영리한 호랑이는 한동안 마을의 화제가 되었다.

이런 이야기 때문에 "호랑이도 자기 새끼를 좋아해주면 좋아한다"는 옛 속담이 생긴 것 같다. 어릴 적 이 이야기를 들으며 호랑이 어미가 새끼들을 이끌고 싸리문 앞에 쑥 바구니를 하나하나 갖다 두면서 인간도 흉내 내기 힘든 사랑을 새끼 호랑이에게 가르쳐 준 거라고 생각했다.

깊은 산 속에서 공을 들여 삼대독자를 얻은 어머니가 있었다. 어머니는 오로지 아들만을 위한 삶을 살고 있었다. 하루는 버스를 타고 공을 들이던 그 산 밑으로 지나가게 되었는데 갑자기 호랑이 한 마리가 나타나 길을 막았다. 일행 중 한 사람을 내려놓지 않고는 길을 비켜줄 것 같지 않았다. 누구를 내려놓을지 의논하는 사이에 호랑이는 차를 덮쳐 공들여 낳은 아이 앞에 떡 버티고 섰다. 그때 누군가의 입에서 그 아이를 내려놓아야 한다는 고함이 났고 그 아이를 끄집어내렸다. 그의 어머니도 같이 죽자며 따라 내렸고, 차는 가버렸다. 어머니는 호랑이 앞에서 벌벌 떨면서도 나는 해코지해도 되지만 아이만은 살려달라고 빌었다. 호랑이는 아무 소리 없이 산속으로 사라져 버렸다. 모자母子를 내려놓고 간 버스는 얼마 후 벼랑에서 떨어져 차에 탔던 사람들은 모조리 목숨을 잃었다. 모자를 살리려고 깊은 산 속에서 내려온 호랑이는 그 어머니가 공들이는 것을 훔쳐보았을까. 아니면 산신령님이 호랑이로 변신해서 왔을까. 호랑이는 맹수이지만 예지와 의리가 있는 동물로 여겨진다. 그래서인지 동물원에 가면 호랑이를 보아도 별로 무서운 생각이 들지 않고 내 눈에는 인자한 동물로 보인다.

어머니가 들려주신 호랑이 이야기는 두고두고 잊히지 않는다. 어머니들의 무조건적 자식 사랑과 남의 자식까지 내 자식처럼 생각하라는 교훈으로 남았다.

이런 생각을 하는 동안 아기 엄마가 머리 손질을 마쳤다. 얼른 아기를 받아 안고는 볼을 비비고 입을 맞춘다. 아기도 엄마의 눈빛을 보고 또 방긋방긋 웃는다. 세상에 가장 아름다운 풍경이다. 새댁은 머리를 단장하는 동안 아기를 안아줘 고맙다는 인사를 남기고 나갔다. 건강하고 지혜롭게 아름다운 성품을 가진 아이로 자라기를 빈다.

자기 새끼를 귀여워하던 소녀들을 보고 "음허헝" 하며 웃었던 옛날 옛적 호랑이가 어디선가 "어흐흐흥" 하고 너털웃음 웃을 것 같다.

교환!
교환!

머리맡에서 귀 익은 소리가 들린다. 알람으로 저장해둔 '엘리제를 위하여' 선율이 나를 보채고 새벽을 보챈다. 희뿌연 공기 속에 불빛을 반짝이며 어김없이 내 게으른 침상을 깨운다. 4시 30분. 수영하러 갈 시간이다. 눈은 감은 채 손으로 더듬어 찾는다. 언제부터인가 나의 하루를 이 친구가 열어준다.

문명이 발달할수록 사람들은 고독감이 깊어진다. 황폐해진 정신을 위로받으러 병원을 찾는 현대인이 늘어난다. 기계에 익숙해지면서 우리는 더 가까이 연결되는 것 같지만 정서적 고립감으로 사람과 사람 사이에 흐르는 강물이 고갈되었다. 쩍 벌어지는 논바닥처럼 사람들 마음이 가뭄에 지친다.

그래서일까. 황혼의 부부가 고독감을 떨치고 그런대로 관계를 잘 이어가는 방법의 하나로 반려동물과 함께해보라고 권한다. 빈 둥지에서 서로 대화할 소재도 줄어드는데 반려동물이 있으면 공통의 관심사가 생기고 같은 대상에 애정을 나누어 줌으로써 부부관계도 돈독해질 수 있다는 게 전문가들의 이야기다.

사람들은 반려동물을 키우는 것도 모자라 이제는 기계와 친해지려고 애쓴다. 바야흐로 반려기계 시대다. 지하철에서도 노령의 사람들이 모두 핸드폰에 얼굴을 묻고 무얼 그리 들여다보는지 정신없다. 카톡을 수시로 열어보고 보내지 않아도 될 내용을 전송한다. 서로 가까워지고 싶고 무언가 이야기하고 싶은 마음이 엿보인다. 젊은이들은 전화도 통화보다는 문자메시지나 카톡 전송으로 더 많이 이용한다. 전화의 기능도 다양해졌다. 발신자 확인이 가능하고 인터넷과 동영상을 볼 수 있다. 핸드폰은 친구 이상이 되었다. 약속 시간을 저장해 놓으면 어김없이 알려주기도 하고 낯선 길을 갈 때도 안전하고 바른길을 안내해 준다.

'그래 봤자 기계이지 않은가'라고 생각하기도 한다. 만나서 이야기하고 표정을 살피며 목소리를 듣고 그 감정을 읽는 일과는 차이가 크다. 요즘엔 사람과 정을 나누려고 하지 않는 사람들이 많다. 상처받지 않으려고 미리 벽을 쳐두는 것이다. 사소한 것들에 신경 쓰지 않고 기계 속으로 파고들어 마치 가상의 세계가 진짜 세계인 것처럼 착각하며 살아간다. 하지만 기계가 정말 기계일 뿐일까.

언젠가 자고 일어났는데 방문이 잠긴 적이 있다. 새벽이라 큰 소리로 사람을 불러볼 수도 없었다. 한참을 문을 열려고 애를 쓰다가 핸드폰이 생각났다. 몇 시간을 기다려 아침이 되자마자 이웃집에 전화를 걸었다. 사정을 알리고 열쇠수리공을 불러 문을 열었다. 그때 핸드폰이 없었더라면 참으로 낭패가 아닐 수 없었다. 꼼짝없이 내 방에 갇히는 신세가 될 뻔했다.

어릴 적에 기계에 대한 호기심이 컸다. 라디오가 처음 마을에 들어왔을 때 작은 기계 안에 사람들이 사는 줄 알았다. 나도 언젠가는 저 속에 꼭 들어가 봐야지 하는 생각으로 라디오를 하루 종일 끼고 살았다. 섬마을에서의 고립감을 털기 위해 라디오라는 기계를 통해 탈출을 꿈꾸었던지도 모른다.

결혼 후 처음으로 전화를 접했다. 핸드폰은 나오지도 않았을 때였다. 우리 동네 시장에서 사람들을 모아 교환해주는 전화를 놓았다. 얼마를 내면 집에 교환 전화기가 놓였다. 하나는 귀에 대고 하나는 입에 대고 말하는 분리식 전화기였다. 나는 우리 집보다 일찍 전화가 들어온 오빠네 집에 전화를 해

보려고 교환에게 몇 번에 걸어 달라고 하고 기다렸다. 드디어 전화가 연결되었다. 마침 병을 얻어 오빠네 집에 와 계신 아버지가 전화를 받았다.

"여보세요. 말씀 하이소."

아버지가 바로 옆에 계신 듯 목소리가 들렸다. 그 감격이란 말로 다 못한다. 촌스럽게도 눈물이 날 정도였다.

"아버지, 우리 전화 들어왔습니더. 처음으로 전화했는데 아버지가 받네예."

아버지는 허허 웃으며 안 그래도 얼굴이 보고 싶었는데 목소리를 들으니 참 좋다며 오랜만에 시름없이 웃으셨다.

여섯 달 정도 그 전화를 사용했을까. 갑자기 교환 전화가 연결되지 않았다. 전화는 그저 쓸모없는 고철 덩어리가 되고 말았다. 사람을 모집하고 돈이 모이자 설치자가 이미 많은 수익금을 챙겨 야반도주한 게 드러났다. 그사이 아버지의 병은 깊어졌고 더 이상 목소리조차 들을 수 없게 되었다.

그 후 몇 년 뒤, 교환을 통해서가 아니라 다이얼을 돌리면 전화가 걸리는 수동식 전화기를 놓았다. 한동안 적응하기가 힘들었다. 전화를 붙들고 "교환, 교환!!"하고 부르고 싶었다. 슬픔이 복받쳤다. 어디든 찾아가서 교환을 불러 아버지에게 연결해 달라고 사정하고 싶었다. 최초로 전화기 선을 통해 들었던 아버지의 시름없는 웃음소리가 다시 듣고파 미칠 지경이었다.

우리는 편리를 좇는 습성이 있다. 인류는 짐작하지도 못할 기계를 계속 만들어낼 것이고 사람들은 기계를 친구 삼아 살아가게 될 것이다. 이미 키오스크와 인공지능 인간이 나와 있고 생활 속에 점점 더 파고드는 건 시간문제다. 문명의 이기利器가 고맙기도 하고 무섭기도 하다.

요즘은 어린아이들도 핸드폰을 들고 다닌다. 전화를 걸고 받는 것 외에도 손에서 핸드폰을 놓지 않는다. 기댈 데 없는 아이들이 '피리 부는 사나이'의 피리 소리를 듣고 다른 나라로 사라진 것처럼 요즘 아이들도 다른 곳을 향해 가고 있는 것 같다. 온라인 속 인물처럼 가상공간으로 사라져 버리는 것 같아 때로 두렵다. 우리는 피리 부는 사나이를 따라간 아이들을 찾아 마을을 헤매야 할지도 모른다.

아버지도 피리 부는 사나이를 따라간 걸까. 아버지의 목소리가 들려 오던 그 전화가 새삼스레 그립다.

교환! 교환! 나를 깨우는 핸드폰 속에서 그리운 사람의 목소리가 흘러나올 것만 같다.

사랑의 묘약

"약물이다, 약물이야."

이 물로 씻어야 일 년 동안 피부가 좋아진단다. 이 집 저 집에서 물 끼얹는 소리가 시원하게 아침을 부른다. 잠이 깨지 않은 아이들에게 물을 뒤집어씌우느라 소란스럽다.

칠월칠석이면 미명이 채 걷히기 전부터 부산스럽다. 아낙네들은 먼 길 가려고 서두른다. 이웃에 사는 동서들, 서먹하기만 했던 올케와 시누이들이 이날만은 오래 사귄 친구마냥 흉허물이 없어진다. 서둘러 떠나는 길에 이고 진 보자기 속에는 점심때 해 먹을거리들이 올망졸망 들어 있다. 여름에 딴 녹두며 강낭콩, 햇밀가루로 뽑은 몇 다발의 국수와 수제비 해 먹을 밀가루 그리고 참외와 수박… 하루 종일 목욕하고 난 후 나눠 먹게 푸짐하게 챙겨 가야 한다. 간혹 지독하다고 소문난 시어머니 아래서 시집살이하는 며느리가 하얀 쌀을 한 되 남짓이나 가져오면 그래도 인심 좋은 할멈이라고 그날의 화젯거리가 된다.

떠들썩하게 새벽길을 나선 여자들은 크고 작은 봉우리로 이루어진 산으로 간다. 두 시간쯤 올라가야 하는 제법 높은 산이다. 그 산에는 봉우리만큼이나 작은 폭포가 많다. 봉우리와 봉우리 사이로 팬 계곡은 사철 내내 하얀 물거품 뿜어낸다. 폭포수가 아니라 정말 하늘에서 내려보내는 약수로 보인다. 송진포를 둘러싼 다른 마을에서도 오기 때문에 서두르지 않으면 좋은 자리를 차지하기 어렵다.

폭포 옆으로 자리를 정해 여장을 푼다. 마을에서 일어난 갈등, 세상에서 얽힌 인연들의 엇갈리고 비틀린 감정이 모두 풀리는 자리다. 일 년에 한 번밖에 없는 성스러운 행사였기 때문에 이날만은 모두 서로 이해하며 여름 내내 힘겨웠던 농사일을 잠시라도 잊는다. 땀은 차가운 폭포 물에 조금만 있어도 서늘하게 식는다. 하루를 물속에서 즐기는 시골 새댁들을 보면 하늘에서 내려온 선녀가 따로 없다. 다른 마을에서 온 새댁들도 잘 가려진 나무 뒤에서 저고리를 벗고 계곡에 몸을 담근다. 어느 집 며느리, 누구의 시누이가 아니고 그냥 자유로운 여자가 되어 여유를 즐긴다.

나도 올케언니를 따라서 몇 번 간 적이 있다. 그 시절에 그 날 아니면 어떻게 여자들이 그렇게 목욕을 했겠는가. 어른들의 너른 마음과 지혜로움에 감탄사가 나온다. 벌써 배가 고픈 시누이랑 올케들은 어머니가 광에서 어렵사리 내준 쌀로 밥을 짓고 수제비를 끓인다.

여름밤이면 모닥불 옆에서 옥수수를 먹으며 견우와 직녀의 전설을 수없이 들었다.

하늘나라 목동과 옥황상제 손녀가 결혼했다. 둘은 너무 사랑하다 보니 매일 놀기만 하고 게으름을 피웠다. 화가 난 옥황상제는 일 년에 한 번씩만 만나라고 동쪽과 서쪽으로 둘을 갈라놓았다. 일 년을 기다려 만나기로 한 장소로 갔지만 은하수가 길을 막고 있었다. 둘이 슬피 우는 모습을 까마귀와 까치들이 불쌍히 여겨 머리로 돌을 날라 다리를 놓아 주었다. 그 다리에서 만나 그리움과 회포를 풀고 정담을 나누다 새벽녘에 헤어졌다. 견우와 직녀가 기쁨과 슬픔의 눈물을 흘리면 계곡마다 흘러내려 약물이 되는 것이란다. 그 이야기를 들어서였던지 칠석날 새벽이면 조금이라도 비가 내렸고 까치와 까마귀의 머리도 벗겨진 것 같이 보였다. 어머니는 꼭 그 말씀도 덧붙였다. 하늘나라에서도 게으름을 피우면 그렇게 벌을 받는다고, 그러니 칠석날이 지나고 나면 까마귀와 까치의 머리가 다 벗겨진다고.

어려웠던 그 시절 아이들 머리나 몸에는 부스럼이 생기고 얼굴은 하얗게 버짐이 피었다. 머리에 부스럼이 생기면 여자아이라도 머리카락을 싹 다 밀고 딱지가 앉는 곳마다 파란 잉크 같은 약을 발랐다. 칠월칠석날 하루 목욕하면 한 해 동안 온갖 피부병이 생기지 않는다는 전설이 오랫동안 전해져 내려온다. 모두 그렇게 믿었고 한 해 동안 건강하고 무사하기를 빌었다.

견우와 직녀의 그 애틋한 사랑을 나의 사랑처럼 간직하고 싶었다. 이별의 아픔과 해후, 그리움으로 흘린 눈물이 사랑의 묘약이 되어 작은 폭포로 흐른다고 생각했으니, 그 시절 사람들의 정서는 참 소박하고 정답다. 어느 시인의 시구처럼, 눈물 없는 사랑이 어디 있으랴#. 눈물 흘려보지 않은 사랑은 가짜일 가능성이 크다.

신문기사를 보았다.

"빨간 동백, 노란 유채, 파란 바다. 해발 437.5m 대금산 큰봉에는 봄 바다 마중 나온 연분홍빛 진달래들이 군락을 이루고 거제도의 전경이 한눈에 들어온다. 날씨가 맑으면 대마도가 선명하게 보여 그곳의 버스가 지나다니는 것까지 다 보여

많은 관광객을 불러들인다."

그곳은 거제에서도 제일 높은 산으로 대금산 큰 봉으로 불렸다. 큰 산봉우리가 두 개 있는데 하나는 큰 봉이고 조금 낮은 봉우리는 작은 봉으로 옛 어른들은 그 큰 봉 밑에는 언젠가 큰사람이 한 사람 나온다고 했다. 대금산은 너무 높아 사람들의 걸음이 별로 없었다. 지금은 중턱에까지 차가 들어갈 수 있고 관광지로 개발되어 많은 사람이 몰린다. 산봉우리에서 내려다보이는 바다의 아름다움을 즐길 수도 있다. 지금도 그 작은 폭포가 몇 개쯤 남아 있다.

순수했던 시절! 산은 그대로인데 세상은 많이 변하고 세월은 멀리 떠나버린 것 같다. 더 이상 그곳에 칠월칠석날 목욕하러 가는 사람은 없다지만 아름다운 전설을 만들어 우애를 나눈 그 봉우리 아래 사람들은 아직도 사랑의 묘약을 기대하며 살아가고 있을 것이다.

정호승 시 '내가 좋아하는 사람' 에서

길을 내다

숲이 만신창이가 되었다. 태풍이 비와 바람을 휘저어 폐허를 남기고 갔다. 눈을 감고 걸어도 정상까지 오를 수 있는 익숙한 산길. 청설모가 사람 그리워 나오던 좁다란 오솔길은 더 이상 길이 아니다. 휴식이 되었던 푸른 나무는 만신창이가 되었고 잡초들만 겨우 땅을 버티고 섰다. 크고 작은 나뭇가지들이 꺾이고 뿌리가 뽑혀 태풍이 쓸고 간 자리마다 철거반이 판자촌을 뜯어내던 흔적 같다.

요 며칠 동안 태풍이 창을 마구 흔들며 자기 존재를 알렸다. 마당을 서성이며 거대한 바람을 불렀다. 양철 부딪치는 소리를 내는 강풍과 빗줄기를 귀로 보며 무력하게도 간간이 걸려오는 전화와 TV로만 세상과 연결된 채 태풍의 분노를 고스란히 당하고만 있었다.

TV에서는 그 처참한 광경이 계속 방영되었다. 빗속에 고스란히 세간을 남겨두고 태풍처럼 울며 몸만 겨우 피하는 사람들. 아예 마을 전체가 지붕만 드러낸 채 태풍을 견디고 있는 곳도 보였다. 빨갛고 파란 지붕이 점처럼 둥둥 떠 있었다. 바닷물이 마당까지 들이칠 고향 집 가족들이 눈에 밟혔다. 누렇게 익어가던 벼는 쓰러지고, 빨갛게 잘 익은 말린 고추랑 추석 때 오는 자식에게 주려고 장만한 갖가지 먹을거리들이 흔적도 없이 물속에 잠겼다. 분신처럼 가족처럼 아끼는 소와 돼지들도 피할 길을 모른 채 물에 잠겨 죽어갔다. 망연자실했다. 평생을 공들여 온 삶이 한순간에 폐허가 되어가다니. 큰 눈망울이 겁에 질린 채 주인을 찾고 있는 소들, 말 못하는 짐승들 가슴에도 비가 내리고 있었다.

태풍이 쓸고 간 숲에 오르니 여행길에서 본 시골 노인이 떠오른다.

그때도 태풍은 아니었지만 많은 비가 내린 후였다. 잠깐씩 뜨겁게 내리쬐던 햇살에 비지땀을 흘리며 썩은 나무를 뜯어내고 갓 자란, 아직은 생나무 냄새가 나던 나무로 그 노인은 다리를 고치고 있었다. 비가 조금만 와도 길이 되어주지 못할 작고 초라한 다리였지만, 촌로는 마디 굵은 손으로 연신 망치질을 해대었다.

“어르신, 다리가 오래되었나 보지요?”

“이번에 비가 많이 와서 안 그렇소. 저 위에 가면 좋은 다리가 있는데 그리로 가면 되지요.”

5분 정도만 걸어도 제법 큰 다리가 나오겠지만 꼭 촌로가 고쳐 놓은 다리로 가보고 싶어 기다렸다. 노인은 더위에 지쳤는지 막걸리를 들이켰다. 막걸리 한 사발을 마시고 나자 몇 번의 망치질로 길을 다 고쳐 놓았다.

“꼭 이곳으로 안 가도 될낀데. 이 길은 노인네가 할망구 다니라고 놓는 거요.”

저기 보이는 파란 지붕 집이 이 노인 집이고 다리 건너 저쪽 텃밭은 할망구가 평생 일구어 가꾸는 밭이라며 저쪽을 가리켰다. 내 시선 끝에 파란 하늘에 짝짓기하며 날고 있는 고추잠자리 한 쌍이 매달렸다. 멀리 보이는 그들의 밭에는 올망졸망 고추가 빨갛게 익어가고 있었다.

“이 다리를 지날라몬 통행세를 물어야 하는구먼. 허허.”

노인은 동문서답처럼 무심하게, 길을 묻는 내게 다리 건너서 조금만 가면 된다는 말을 남기고 집으로 향했다. 그 뒷모습을 바라보았다. 새파란 늦여름 하늘 밑에서 비지땀을 흘리며 길을 만들던 노인 부부. 그들이 스스로 만들어가는 것은 길이 아니라 인생이었다. 작은 길을 내어 큰길로 이어주는, 작은 것으로 큰 것을 채울 줄 아는 사람이 아닌가.

태풍은 먼 곳으로 지나는 것이 아니라 바로 내 길 한가운데서 우리의 풍경들을 뒤흔드는 훼방꾼이다. 삶이란 그런 것 같다. 그다지 행복하지 못한 인생을 살아왔다고 생각한 적이 있다. 어느 날 문득 떠오르는 작은 행복의 순간들에 눈물 나도록 삶이 감사해지곤 한다. 행복은 작은 것에서 생겨난다. 길도 그렇다.

TV 뉴스가 온종일 떠들어댄다. 어느 지역에서는 잠깐 사이 불어난 물에 놀란 노부부가 손을 잡고 개울을 건너다가 물살에 그만 손을 놓쳐 버렸다. 할아버지는 잠시 떠내려가다 나뭇가지에 걸려서 살았지만 이미 급해진 물살에 떠내려가는 할머니를 그저 바라볼 수밖에 없었다며 겁먹은 아이처럼 울고 있는 노인은 할머니의 유체라도 찾을 수 있다면, 하며 말을 잇지 못한다.

퍼붓던 비가 멈추는 듯싶더니 드문드문 파란 하늘에 삐죽 햇살이 비친다. 무슨 일이냐는 듯이 잠에서 그렇게 무심히 깨어난다. 이제 끝났겠지. 옛날처럼 무지개를 볼 수는 없겠지만 태풍은 지나갔다. 태풍이 남기고 간 상처는 깊고 아프다. 태풍 뒤 비치는 한 줄기 햇살이 상쇄해줄까.

이제 복구를 어떻게 해야 할까. 그 노인처럼 막걸리 한 사발 마시고 망치질을 해대면 아물까. 가슴 아파하지만은 않을 것이다. 오래 지나온 길들을 회상해 보면 발에 피가 나도록 아프게 걸어야 하는 길은 아주 짧았던 듯싶다. 그때는 길게 느껴졌던 길과 아프게 느껴졌던 상처가 이쯤 와서 보니 그리 길지도 아프지도 않다. 그저 고만고만한 길에서 서성이며 온 것만 같다.

우리의 길에는 되돌이표가 없다. 돌아가서 다시 시작하려 해도 길은 이미 없다. 길은 앞으로 내가 내는 것이다. 인생사 새옹지마塞翁之馬, 그저 좀 더 겸허하고 겸손하고 지혜롭게 그리고 따듯한 마음을 가지고 낮은 휘파람을 불며 유유자적悠悠自適 걷고 싶다.

그늘의 절반은 태양, 태양의 절반도 그늘이다. 행복도 불행의 절반, 불행도 행복의 절반이다. 텅 빈 것도 꽉 찬 것도 영원한 것은 없다. 길처럼 바람처럼, 한곳에 머무는 것은 없다. 마을을 온통 뒤덮었던 비가 다 빠져나가면 길이 얼굴을 보일 것이다. 수수한 처자를 닮은 들꽃이 그 길에 약속처럼 피어 주기를.

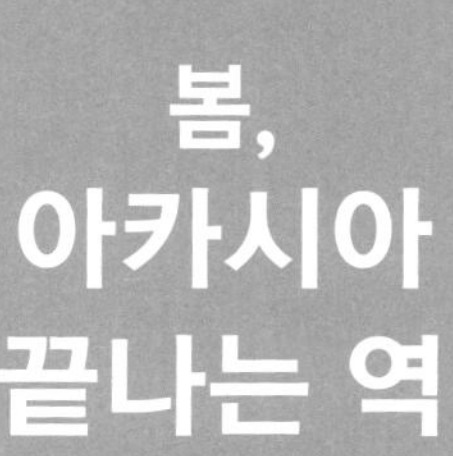

봄,
아카시아
끝나는 역

세상에 단 한 그루

하늘 아래 벚나무가 단 한 그루 서 있다면 내 유년의 그 나무일 것이다. 벚꽃이 만발하는 계절이면 단 한 그루 그 나무에서만 향기 나는 벚꽃이 핀다는 혼자만의 집착을 안고 길을 나선다.

난분분한 벚꽃 비를 맞고 서면 방앗간 집 큰이모님 목소리가 들리는 것 같다. "우리 딸이 오기는 왔는갑다. 변소에 짚단이 몇 단씩 둥둥 떠다니는 걸 보니. 우리 자야 아이믄 누가 이런 꾀를 내겠노." 이모는 늘 나를 환대했다.

한 달에 두 번 일요일에 마을에서 삼십 리나 떨어진 큰이모 댁으로 심부름 갔다. 손에는 어머니가 올망졸망 싸주신 멸치며 생선 비린내 나는 보따리를 들었다.

"자야, 내일은 일요일이니까 이모 집에 가서 딸 노릇 좀 하고 오너라."

어머니는 늘 그렇게 말씀하시며 하루 전부터 당신의 언니에게 보낼 귀한 생선들을 챙겼다. 우리 집은 어장을 하고 있어서 여느 시골집에서는 맛보기 어려운 생선이 많았다. 버스는 하루에 한 번 다녔다. 시간을 놓치면 배를 타고 갈 때도 있었다. 버스가 달리면 차창 밖으로 어머니의 걱정스러운 눈빛이 차츰 멀어졌다.

큰이모 댁으로 가는 길에는 호기심 많은 소녀를 기다리는 것이 많았다. 철 따라 열매를 맺는 과일나무가 특히 많았다. 큰 살구나무와 아름드리 감나무는 마음을 사로잡기에 충분했다. 봄이면 큰이모가 사는 마을이 온통 벚꽃으로 덮였다. 간간이 핀 목련과 어울려 마을 전체가 날 반기며 설레게 했다. 벚꽃 길에 홀려서 따라가다가 이모 집을 지나쳐 버리기도 했다.

큰이모 댁은 방앗간을 하는 대농가였다. 곡간에는 쌀이 늘 쌓여 있어 세상에서 우리 큰이모 집에 쌀이 제일 많을 거라는 생각마저 들었다. 언제나 환한 웃음으로 날 반겨주시는 이모는 내가 가자마자 배고프겠다며 갓 지어 윤기 자르르한 찰밥을 내놓으셨다. 장다리꽃이 길게 키를 키운 무렵이라 보릿고개가 시작되었고 어느 집에나 쌀이 무척이나 귀할 때였다.

대농가의 변소는 작은 호수만큼이나 물이 차올라 있었다. 그곳에서 일을 보면 온 엉덩이가 거름 세례를 당했다. 난 꾀를 내어 짚단을 걸쳐놓았다. 변소가 무서워서 이모 집에 오기 싫다고 말했지만 큰이모는 한술 더 떠서 귀신 얘기까지 하며 놀렸다.

집에 갈 시간이 되자 광을 열어 찹쌀을 두 자루에 채워 넣으며 나를 앞세워 보냈다. "자야, 이 찹쌀, 집에까지 가져갈 수 있겠제? 우선 이 작은 자루는 머리에 이고 먼저 나서거라. 금세 심부름 보낸 머슴애가 올 테니 이모가 얼른 뒤따라갈끼다."

배 시간이 늦을세라, 이모부가 잠깐 외출한 틈을 타 큰이모는 분주하게 서둘렀다. 대문을 나서자 머리에 인 찹쌀 무게 때문에 눈앞이 온통 벚꽃으로 덮인 듯 아뜩했다. 금방이라도 쓰러질 것 같은 무게를 견디며 몇 걸음 가다 아무리 돌아봐도 이모도 머슴도 오지 않았다.

그렇게 얼마를 더 갔을까. 바람결에 옅은 향내가 묻어왔다. 눈앞에 커다란 벚나무 한 그루가 보였다. 그 나무를 쳐다보려고 고개를 들어 올렸다. 순간, 그만 발을 헛디뎌 모를 내려고 잘 갈아 놓은 논 속으로 첨벙 빠져 버렸다.

엎어진 채 눈을 들어보니, 내 몸은 논둑에 걸쳐 있고 첨벙 소리와 함께 논 속에 빠진 것은 찹쌀이 든 자루였다. 일어설 생각도 못하고 자루만 망연히 보고 있는데 언제 왔는지 이모가 서 계셨다. 기가 막히는지 논두렁에서 내려와 허둥지둥 자루를 건져 내고 날 보더니 한바탕 크게 웃어 제꼈다.

커다란 벚나무 아래서 나는 혼날 것 같은 불길한 예감과 민망함에 울상이 되어 우두커니 서 있었다. 이모는 너도 자루와 같이 물에 빠지지 않아서 천만다행이라며 흙 묻은 옷을 툭툭 털어 주셨다. 자루를 워낙 야무지게 묶어서 쌀은 한 알도 흩어지지 않았다. 큰이모는 진흙 묻은 찹쌀 자루를 논둑 옆으로 흘러내리는 맑은 물에 흔들어 씻었다. 벚꽃 바람이 불어와 큰이모의 어깨 위로 벚꽃잎을 흩뿌렸다. 그 광경은 내 기억 속에 오래 남은 가장 아름다운 그림이다. 어떤 명작을 봐도 그토록 눈부신 감동은 느낄 수 없다.

이모부의 깐깐한 성격을 인내하며 언제나 웃음을 잃지 않으시던 나의 큰이모님. 어처구니없는 조카의 실수가 얼마나 당신을 당황하게 해드렸을지, 죄스럽다. 뒤늦게 지게를 지고 내려온 머슴이 손뼉을 치며 웃고 난 뒤에야 큰이모는 갑절이나 더 무거워졌을 찹쌀을 지고 내려가 배에다 실어 주었다.

"자야. 논에 빠진 찹쌀, 엄마보고 떡 해 달라고 해라. 인절미 많이 해서 또 놀러 오너라."

계속 울상이 된 나를 앞세우고 배를 태워 주신 큰이모는 하나의 점으로 보일 때까지 손을 흔들고 계셨다.

마중 나온 어머니께 자초지종을 얘기하니 그렇지 않아도 일 많고 걱정 많아 고생하는 큰이모 애만 먹이고 왔다고 심하게 꾸중하셨다. 집에 와서도 피가 나도록 깨진 무릎의 상처를 혼자 만지작거리며 아프다는 말도 못 해보고 지냈다. 나의 실수 덕에 귀한 찹쌀로 떡을 해 먹는다고 좋아하는 가족과는 달리 어머니는 며칠을 큰이모 생각을 하시는 것 같았다. 두 분 자매의 정이 무척이나 남달랐다. 어머니가 청초한 목련을 닮았다면 당신의 언니는 터질 듯 만발하여 사월의 하늘을 환하게 수놓는 벚꽃이었다.

어머니의 임종에 오셔서 할 일이 많이 남은 동생 대신 자기를 데려가 달라고 통곡하시던 큰이모님이 하늘의 벚꽃이 되신 지 오래다. 딸이 없는 그분에게 딸 노릇도 못 해 드리고 늘 조카로밖에 못 지낸 것이 내내 가슴 아프다. 목련을 시작으로 벚꽃으로 무르익는 봄. 한 그루 벚나무를 닮은 내 큰이모님에게 벚꽃빛 안부를 전해 올린다.

오빠와 주꾸

신발이 낯설다. 어제 현관에 벗어놓고 들어온 신발이 불현듯 쓸쓸해 보인다. 닳고 낡고 주름진 신발은 내 삶의 흔적이다.

딸네 집에 며칠 다니러 갔다. 아침형 인간으로 길든 나는 이른 새벽 아파트 앞 공원을 산책하려고 어김없이 일어났다. 식구들 잠이라도 깨울까 봐 조심스럽게 신발장 문을 열었다. 편한 운동화를 찾아보려고 신발장 안을 뒤지려는 순간, 흠칫 놀랐다. 신발 파는 가게 진열장처럼 신발이 가득했다. 당황스러웠다. 그 많은 신발이 와르르 쏟아져 나올까 봐 조심조심 부스럭거리다 겨우 운동화 한 켤레를 꺼내 신고 나왔다.

어린 시절에 신발은 보물이었다. 고무신도 신기 어려워 거의 짚으로 만들어 신던 시절이었으니 두말해서 무엇하랴. 발가락 사이에 끈을 끼우는 방식의 짚신이 유행했던 적도 있다. '조리'라고도 하고 '외따까리'라고도 불렀던, 나막신을 닮은 신발이었다.

그러다 검정 고무신이 등장했다. 고무신은 흙 묻히며 놀이에 여념 없던 아이들에게 문명의 시작을 알리는 물건이나 다름없었다. 질긴 고무신은 아이들에게 최고의 인기품목이었다. 개울에서 잡은 고동이나 피라미를 가두어 놓기에 안성맞춤이었다. 고무신이 닳을까 봐 흙바닥에서 놀 때는 아껴 두고 학교 갈 때나 읍에 나갈 때 조심스럽게 신고 나갔다. 늘 뛰어놀던 아이들의 신발은 아끼고 아껴도 금세 닳았다. 닳고 닳아서 구멍이 나면 꿰매 신고 그 자리가 터지면 엿장수 차지가 되었다. 고무신을 주고 바꾼 엿은 할머니가 숨겨둔 꿀단지 속 꿀보다 다디달았다.

나의 보물은 고무신이 대중화해 갈 무렵에 등장했다. 까맣고 반들반들 윤기가 흐르고 발등 옆으로 리본이 찍혀 있었다. 여자아이들은 '주꾸'라고 불렀던 이 구두를 신고 싶어 안달했다.

아버지가 예고도 없이 보물을 사 오셨다. 마산에 일 보러 가셨다가 학교에 가면 신으라고 사 오신 것이다. 입학까지는 날이 남았지만 내일이라도 당장 주꾸를 신고 입학할 것같이 설레었다. 밤에 잘 때는 누가 가져갈세라 이불 속에 숨겨두고 잤다.

주꾸를 신은 아이는 선망의 대상이 되었다. 한껏 거만해져선 발걸음이 귀족적으로 변했다. 사실은 신발 밑이 닳지 않도록 극도로 조심해서 사뿐사뿐 걸었기 때문이다. 어릴 때는 왜 '주꾸'라고 불렀는지 몰랐다. 일본어로 같은 발음의 단어에 '우쭐해지다', '신바람이 나다'의 뜻이 있는 것으로 보아 주꾸를 신으면 자동으로 우쭐해졌던 게 아닌가 싶다.

드디어 초등학교 입학식 날!

또래보다 한 살 적었던 나는 주꾸를 신고 기세등등하게 학교로 걸어갔다. 아이들의 눈빛이 내 신발에 와 닿는 걸 느꼈다. 더 우쭐해져선 뒤꿈치를 들어 올리며 조심조심 신이 나서 걸었다. 고백하자면, 친구들이 안 볼 때는 신발을 들고 맨발로 집으로 오기도 했다. 예쁜 신발이 더러워질까 봐 전전긍긍했다.

아직도 학교생활에 적응이 덜 되어 우왕좌왕하고 있을 때였다. 학교에서 화장실을 가는 일이란 고달픈 경험이었다. 깊이도 모를 토종 변소는 두려움의 공간이었다. 집에서와는 달리 학교 변소는 더욱 공포감이 들었다. 냄새도 지독했다.

들어서기 전부터 이사도라의 발처럼 되어선 다리가 후들거리고 발도 다리도 내 말을 잘 듣지 않았다.

어느 따스한 날에 그만 일이 벌어지고 말았다. 아침에 물을 많이 마신 탓인지 1교시 시작하자마자 신호가 왔다. 수업이 끝날 때까지 참고 있다가 종이 울리자마자 변소로 부리나케 뛰어갔다. 쪼그려 앉으려는 순간, 발이 미끄러져 버렸다. 발은 합판을 대어놓은 구멍 사이에 걸쳐졌고, 나의 주꾸 한 짝이 똥통에 빠져 버렸다. 어찌나 서럽게 울었던지 아이들이 우르르 몰려들었다. 한쪽에서는 키득거리고 한쪽에서는 선생님을 부르러 뛰어가고 소란이 벌어졌다. 나는 부끄러운 것도 잊고 오로지 주꾸 때문에 서럽게 울어댔다. 잠시 후 학생회장이던 셋째 오빠가 얼굴이 상기되어 허겁지겁 달려왔다.

오빠를 보자 서러움에 울음이 더 크게 터져 나왔다. 오빠는 우르르 몰려 있는 아이들을 돌려보냈다. 선생님이 오셔서 자초지종을 듣더니 매미 채집할 때 쓰던 작대기를 들고 와 똥이 가득 묻은 신발을 건져주셨다. 그제야 부끄러움이 와르르 몰려 왔다.

"씻으면 되겠다. 집에 데려다주고 와라."

선생님은 작대기 끝에 대롱대롱 걸린 신발을 오빠에게 넘겨주셨다. 오빠는 아무 말 없이 개울에 가서 신발을 씻어 주었다. 우리는 패잔병처럼 작대기 끝에 주꾸 한 짝을 매달고 집으로 향했다. 그날따라 조그만 계집아이 눈에 비친 하늘이 어찌나 파랗던지 눈이 시려 자꾸 눈물이 났다.

학교가 파할 시간이 아닌데 나타난 남매의 몰골을 보자, 어머니는 말문이 막힌 눈치였다. 오빠는 신발이 걸린 장대를 들고 딸은 바지가 다 젖은 채로 들어서는 광경을 물끄러미 바라보셨다. 어머니는 그제야 풍겨오는 냄새에 짐작되는지 어이없어 웃다가 내 등을 후려쳤다.

“여식아가 머스마들 틈에 자라서 그라나? 왜 그리 선머스마 같노?”

그러고는 가마솥에서 따뜻한 물을 퍼서 몸을 씻겨 주셨다.

“됐다. 신발은 괜찮다. 마르면 신어도 된다. 걱정 말고 한숨 자거라.”

탈진한 나는 서서라도 잠이 들 지경이었다.

얼마를 잤는지 모르겠다. 오빠의 투덜거리는 소리에 잠이 깼다. 학교에서 나 때문에 망신을 당했다고 어머니께 하소연하고 있었다. 어머니는 오빠를 달리며 일곱 살에 학교에 보내 그러니 철없는 동생을 잘 돌보라고 타일렀다.

오빠가 내 방문을 열었다. 나는 부끄러움이 밀려와 자는 척했다. 그러다 다시 곤히 잠들었고, 오빠가 다시 와 깨우는 소리에 일어났다.

“자야, 니 때문에 우리 떡 먹게 생겼다. 뭐하노? 주인공이

어서 일어나야지."

오빠는 팥 시루떡 한 접시를 내밀었다. 김이 모락모락 났다. 철없는 딸이 자는 동안 변소에 빠지면 떡을 해 먹여야 한다는 풍습대로 어머니는 그새 떡을 하셨던 것이다.

내 보물, 주꾸는 여전히 까만 빛을 발하며 마루 한편에 잘 놓여 있었다. 꿈이라도 꾸었는지 낮의 일이 아득했다. 그날은 토요일이라 마산에 나가 유학하던 큰오빠와 둘째 오빠도 집으로 왔고, 우리 집은 내가 저지른 사건 덕에 잔칫집 분위기가 되었다. 그 신발이 닳고 닳을 때까지 놀림을 당하기는 했지만, 지금 생각하면 풍요롭지 않았기에 더 귀하게 느껴진 신발에 얽힌, 나의 행복했던 추억이다.

신발장에 넘쳐 나는 신발들과 멀쩡해 보이는데도 버려진 신발들을 보면 이런저런 생각이 든다. 쉽게 버린 만큼 나중에 오랫동안 음미하며 늙어갈 소중한 추억을 가지지 못할 것 같다는 안쓰러운 생각이 든다. 물건 하나도 허투루 버리지 않고 닦고 고쳐가며 쓰던 '라떼는 말이야' 식의 이야기를 하면 고리타분한 사람이 되어버린다. 아끼는 게 미덕인 시대는 가버렸고 이제는 무엇이든 새것이 인기다. 다시 복고풍이 유행하고 젊은이들이 오히려 옛것을 찾는 경향이 보여서 반갑기도 하다.

다정한 오빠 생각에 하염없이 눈물이 흐른다. 냄새 나는 주꾸를 씻어 주던 셋째 오빠의 등이 그렇게 든든해 보일 수가 없었다. 쓸쓸한 미소를 짓는다. 오빠는 머나먼 길 떠났고 나도 어쩔 수 없이 낡아서 편해진 한 켤레 신발 같은 나이가 되었다. 짚신도 주꾸도 알아듣지 못하는 젊은 사람들에게 무슨 말을 해야 할지 모르겠다. 그저 내 소중한 신발 한 켤레에 얽힌 동화처럼 따뜻한 이야기를 글로 남긴다.

요란한 봄맞이

새싹이 돋아나려는지 온몸이 간질간질하다. 움트는 봄의 기운이 게으른 몸을 부추겨 산으로 들로 나가라 한다. 노란 개나리가 봄을 알리고 연분홍 진달래 꽃잎에 따스한 바람이 와 안기면 봄이 무르익어 산에 들에 쑥이며 냉이며 봄나물이 지천이다.

봄마다 지기들과 쑥을 캐러 간다. 몇십 년 이웃으로 살아오면서 비슷하게 나이 들어가는 동기간 같은 친구다. 누가 먼저랄 것도 없이 불쑥 날을 잡고 봄이 다 지나기 전에 서둘러 가자고 이구동성이었다. 다들 몸도 좋지 않고 비가 온다는 예보까지 들은 터라 포기하려 했지만 삐걱대는 몸을 털고 일어나

움직이는 게 좋겠다며 한마음이 되었다. 찰밥에 갖가지 찬까지 푸짐하게 준비했다.

오래전부터 우리가 밭을 일궈 놓은 기장 근교로 출발했다. 몇 평이 채 안 되는 더부살이 땅이지만 유기농법으로 살려 놓은 곳이다. 한약을 달이고 남은 찌꺼기를 거름으로 준 지 오래라 밭에 씨를 뿌려 거두는 채소들이 건강하고 달다.

집에서 삼십여 분이 채 걸리지 않는 거리라 잠깐 사이에 우리들의 밭에 닿았다. 밭에 오면 말소리, 웃음소리부터 달라지고 사춘기 소녀들이 된다. 웃음소리가 메아리가 되어 온 산이 떠들썩하다. 이곳은 인가가 없고 산이 제법 깊어서 이름 모를 새들이 많다. 후드득 놀란 새들이 날갯짓하며 우리 주위를 맴돈다. 겁 없는 다람쥐도 날쌔게 나무를 타고 사람이 훼손하지 못한 생명의 숲이다. 자연의 고즈넉함을 누리며 여기야말로 무릉도원이다.

우리는 땅에서 생명을 얻는 데 몰두했다. 이리저리 옮겨 다니며 바구니가 가득하게 쑥이며 냉이를 캤다. 허리가 아프고 무릎이 쓰라린 것도 잠시 잊었다. 시간이 얼마나 지났을까. 하늘에 잿빛 구름이 덮이고 시장기가 돌았다. 도시락을 꺼내 밭에 자리 하나를 깔고 펴 놓았다. 각자 몇 가지씩 가지고 온 음식을 꺼내 놓으니 수라상이 부럽지 않았다. 자식들 출가시키고 혼자서나 둘이서 먹는 끼니에 익숙해진 우리는 모처럼 행복한 밥상을 마주 대했다. 찬 하나 남기지 않고 깨끗이 먹은 다음 차를 마시며 이렇게 나이 들어가는 것에 감사하다고 이구동성 말했다. 크게 아프지 않고 몸 움직여 아직 쑥이며 냉이 캐러 올 기운이 있으니 고맙지 않냐고. 다들 그렇다며 박장대소했다.

다시 나물을 캐러 일어났다. 친구가 갑자기 우리를 불러 모았다. "봐라, 빨리 다 와봐라. 이거 봐라 이게 바로 고들빼기다."

한 줌이나 되었다. 고들빼기가 신기하게도 군락을 이루고 있었다.

"봄에 고들빼기는 산삼이랑 맞먹는단다."

고들빼기를 캐어 뿌리를 꺾어 보니 하얀 진액이 나왔다. 그게 바로 약이라고 다들 수다스러워졌다. 이 나이가 되면 몸에 좋다는 거라면 눈이 반짝인다. 향내 좋은 동그란 뿌리가 대롱대롱 달려 보기만 해도 입맛을 돋우었다.

고들빼기 찾기에 몰두한 사이, 비가 한두 방울 떨어지기 시작했다. 빗방울의 차가움이 무릉도원의 꿈을 깨웠다. 우리는 서둘러 하산을 준비했다. 쓰레기 하나 남기지 않고 깔끔히 마무리한 다음 차에 짐을 실으려는데 차 열쇠가 어디에도 보이지 않았다. 일행들의 주머니, 가방이며 도시락 안까지 다 찾아보아도 열쇠 비슷한 것도 보이지 않았다. 쑥이며 냉이를 캐던 밭이랑을 샅샅이 뒤져도 마찬가지였다.

빗방울이 이물어지며 스산한 바람까지 불어왔다. 어디 연락이라도 해브려고 휴대전화를 켜니 배터리가 없다고 알렸다. 숲에 갇힌 꼴이 되어 버렸다. 꿈에서 깨자마자 현실은 막막한 슬픔이었다. 어둠이 내리기 시작했다. 겁먹은 아이처럼 눈물이 나려고 했다. 이 산길을 걸어서 내려가야 하나 어찌해야 하나 망연자실 서 있는데 차 한 대가 전조등을 비추며 내려오고 있었다. 누가 먼저라고도 할 것 없이, 난파선이 구조선을 만난 것처럼 몰려가 차를 막아섰다.

젊은 두부였다. 어둑하게 누운 산이 잠 깰 정도로 이 일의 출발부터 지금 상황까지 우리는 수다스럽게 떠벌렸다. 나이가 들면 말이 많아지는지 그냥 차 열쇠를 잃어버렸다고만 하면 될 것을 오늘의 일과를 늘어놓았다. 부부는 참을성 있게 다 듣더니 어이가 없는지 웃었다. 휴대전화를 좀 빌려 달라는 부탁을 그 자초지종 끝에야 말했다. 아들에게 보조 열쇠를 가져오라는 전화를 하려고 휴대폰의 숫자판을 보는 순간, 머릿속이 백지장이 되었다. 수첩이 있는 가방도 집에 있으니 설상가상이었다.

부부는 비도 오고 추우니 우선 차에 타라고 했다. 차는 내일 날 밝으면 보조 열쇠를 가지고 와서 찾아가기로 하고, 마침 우리 동네 옆 동네에서 체육관을 하는 그들의 차를 타고 집에 가야 했다. 자식 혼자 두고 멀리 떠나는 사람처럼 뒤를 돌아보았다. 긴장이 풀리고 기운이 빠져서인지 우리는 말 한마디 없었다. 도착하자마자 일행들은 다 내려 각자의 집으로 갔다. 집에 가서 자동차 보조 열쇠를 가지고 나오라고 부부가 말했다. 택시라도 타고 가서 차를 가지고 오려고 마음먹고 있던 터라 다시 한번 고마움에 가슴이 벅찼다.

차는 어둠 속에서 비를 맞은 채 주인을 기다리고 있었다. 어둠이 깊고 비가 본격적으로 내렸다. 운전하기 겁이 났지만 뒤에서 천천히 나를 따라와 주는 젊은 부부의 차를 백미러로 보며 환한 낮인 것처럼 돌아올 수 있었다.

요즘 깜빡 잊어버리고 무언가 잃어버리는 게 늘어간다. 망각은 인간에게 주신 신의 축복이라지만 이런 일이 잦으니 낭패다. 그래서 좋은 사람들을 만났으니 축복이긴 하다. 그들도 나이가 들면 천사 같은 이들의 도움을 받을 수 있기를 기도한다. 선행에 작은 성의라도 표하려 했지만 부부는 어서 집에 들어가서 푹 쉬라는 말만 남기고 돌아갔다. 차가 멀어질 때까지 바라보며 나이 드는 것에 대한 슬픔, 회한, 봄날처럼 따스한 사람들을 향한 고마움에 눈시울이 뜨거워졌다.

지친 하루를 보내고 집 안에 들어오자 고단함이 밀려왔다. 누우면 못 일어날 것 같아 우여곡절 끝에 가지고 온 봄나물을 손질했다. 고들빼기는 간수에 담그고 쑥을 추렸다. 드디어 나의 봄이 봄답게 온 것 같다. 내 속에 움트고 있던 모종의 씨앗이 터지고 서서히 싹이 올라오는 것 같다. 비로소 봄을 봄으로 맞이한다. 조금 요란하기는 했지만 뭐 어떠랴.

아카시아
끝나는
역

기차역은 매번 새롭다. 도시의 소음이 비명처럼 머릿속을 헤집어 놓는다. 기다란 기차에 올라 높으신 누군가가 내 자리를 정해놓은 듯 노란 종잇조각 한 장을 들고 좌석을 찾는다. 햇살 밝은 창가에 기대어 앉으니 푹신한 감촉이 편안하다.

겨우 두 주 동안 내 시간을 잃어버렸을 뿐이다. 어미 자리의 의무를 강요당하는 것 같은 압박감이 봄을 온통 회색빛으로 만들었다. 젊은 시절에는 아가의 눈망울과 방긋거리는 미소에 인생의 전부라도 걸었다. 그런 사랑이 지금은 어색하다.

모성애도 나이를 먹으면 덜해지는 것인지 변해가는 것인지 크고 둥근 비누를 물 묻은 손으로 잡으려다 자꾸 놓쳐 버리는 것처럼 무언가 어긋난다. 몸도 마음도 힘든 나이 고개를 넘고 있어서일까. 딸아이의 산후 우울증이 내게로 전염되어 온 것 같다.

기차가 달리기 시작한다. 덜컹거리는 소리와 함께 한밤중에 깨어 보채던 갓난아이의 울음소리가 귓전을 떠나지 않는다. 기차는 뒷걸음질하지 않는다. 빠르게 푸른 녹음 속으로 빠져들고 있다. 한참을 지그시 눈을 감고 있자니 투명한 햇살이 속눈썹을 비집고 비쳐 들어온다.

얼마나 시간이 흘렀을까. 긴 터널을 빠져나온 것 같다. 무언가가 나를 흔들어 깨운다. 거대한 물체가 뿌옇게 보인다. 서서히 새하얀 숲이 내 눈에 들어서더니 내 몸을 훑고 지난다. 방금 떠나온 도시의 소음이 아직도 웡웡거린다.

옆자리 아가씨에게 겸연쩍은 웃음을 보낸다. 지나가는 판매원에게 커피 두 잔을 사서 하나 건넨다. 창밖으로 바람 한 점이 까맣게 출렁이는 커피처럼 목구멍을 타고 넘어간다. 도시 밖은 초록 절정을 이루고 후둑후둑 초록 물감을 흩뿌리고 있다. 아카시아 향이 창을 뚫고 들어와 기차 안에 가득 찬 것 같다. 입속에 시를 굴려 가만히 음미한다.

무너진 산을 감싸 안고 질기게 내린 뿌리
화사한 꽃 속에서 향 좋은 꿀을 내며
우리를 재해에서 구해 주었다.
초록의 잎새마다 타래타래 내린 꽃송이
깊은 산속 아기별 불 밝히면 하늘 보고 달빛 보며
겹겹이 쌓여가는 그리움 풀어내어
천만 리까지도 향기를 보낸다.
눈송이처럼 하얀 꽃송이를 훑어내려 한입 물면
그 쌉쌀하고 달콤한 향기가
어린 날의 고향과 함께 겹쳐 온다.

- 자작시 「아카시아 꽃」

기차는 무심히 쉬지 않고 달린다. 차창 밖은 정지화면처럼 아카시아가 끝없이 이어지고 있다. 포도송이 같은 아카시아 꽃송이를 손으로 훑어내려 한입에 베어 무는 상상을 하니 그 달콤한 맛과 아릿한 향기가 아이들의 미소와 함께 겹쳐 온다.

“엄마, 며칠 있다 볼일 보고 또 오실 거죠?”

딸아이는 눈빛으로 말을 건넸다. 핼쑥한 얼굴이 몇 시간도 되지 않아 벌써 눈에 밟힌다. 밤새 보채던 내 아카시아의 아이들 생각에 도망치고 싶었던 도시가 멀어질수록 불안하다. 조금 전까지도 업고 있었던 아이의 감촉이 기차 의자 등받이의 감촉과 함께 나를 보챈다. '그렇게 도망치듯 오는 게 아닌데…' 후회가 온몸을 휘감는다.

타래타래 하얀 꽃잎을 내린 아카시아. 두 아이의 엄마가 된 나의 아카시아는 향내를 품고 푸른 잎사귀 사이로 청초한 꽃을 피워 꿀을 모아 벌을 먹이고 있다. 어린 나의 아카시아는 순결하고 고왔다. 나와는 다른 면이 많았지만 분신인 딸아이에게서 내 모습을 찾아내고는 아들과는 다른 사랑으로 길렀다. 나의 아카시아는 또 하나의 나로 세상 속에 산다.

"어디까지 가세요?"

도시 말투로 옆자리 아가씨가 커피 향기 은은한 말을 건넨다.

"글쎄요. 아카시아가 끝나는 역쯤에서 내릴 거예요. 아카시아를 피해서 왔는데 온 천지가 아카시아네요."

동문서답을 하고는 으슬으슬 몸살기를 느껴 옷을 여민다. 창백한 나의 아카시아가 아이들과 씨름하는 그 도시로 언제쯤 다시 갈지 손꼽아본다. 마음은 벌써 그곳에 가 있다.

돌나물과 나비

밤새 봄비가 소리 없이 내렸다. 비 갠 후 떠오른 아침 해는 방금 세수한 얼굴마냥 말갛고 순결하다. 비 갠 후 바람은 풀 향이 나고 햇살은 그야말로 눈이 부신다.

농부들은 봄비를 좋아한다. 때맞춰 내리는 비는 생명의 핏줄인 걸 알기 때문이다. 비 온 뒤 농작물은 언제나 마음을 설레게 한다. 나도 농부의 마음이 된다.

비 그친 옥상 텃밭에 올라왔다. 어제 심어 놓은 돌나물이 생기를 머금고 파릇파릇 고개를 들고 나를 반긴다. 시골에서 파 온 돌나물을 심어 놓았더니 비 맞이 키를 키워 놓았다. 평소 친하게 지내는 몇 집에 나누어 준 모종도 다들 잘 자라고 있다.

돌나물은 초봄에서 늦은 봄까지 자란다. 아지랑이 낀 논두렁이나 언덕배기의 마른풀 속에서 연초록색을 띠고 소복소복 돋아난다. 쑥과 달리 아무 데나 흔하게 돋아나지 않는다. 꼭 처음에 올라왔던 제 땅에서 올망졸망 돋아나 모진 시련 속에서도 바위틈 사이로 뿌리를 펴고 자양분을 빨아올린다. 넝쿨을 뻗어 푸른 생명을 자랑하며 자기 영토를 지킨다. 다 캤나 싶어 며칠 후에 가보면 꼭 그만큼 싹을 올려 봄나물 캐는 여인네를 행복하게 한다.

나른한 봄, 내 고향 사람들은 돌나물김치를 먹고서야 봄의 생기를 되찾곤 했다. 나는 돌나물을 유난스레 좋아해서 물김치나 겉절이로 즐겨 먹는다. 아침에 녹즙을 내어 한 잔 마시고 나면 온몸에 봄이 스며든다. 초록빛 기운이 넘치는 봄의 색깔이다. 나만의 녹색공간에 심어 놓은 것으로도 녹색 만찬을 즐기기에 충분하다.

폭풍 같은 화를 억누르기 힘들 때나 머리가 아프고 속이 답답할 때는 옥상 텃밭보다 너른, 철마에 있는 나의 작은 농장으로 간다. 전문 농사꾼이 보면 보잘것없는 텃밭이지만 내가 심은 콩이며 고추, 상추 같은 채소들이 쑥쑥 자라는 것을 보기만 해도 화가 가라앉는다. 부질없이 욕심을 앞세우는 나를 돌아보게 된다. '빨리빨리'를 외치며 바쁘게 살아온 시간이 객관적으로 바라봐지고 사소한 일상에서 일어난 불쾌한 일들도 '그래, 그럴 수 있겠지' 하며 달리 바라볼 수 있다. 텃밭을 돌보는 시간은 가슴 깊은 곳에 잠재되어 있던 인간적인 여유와 느림을 누리는 때이다.

푸른 잎들은 내 모든 것을 이해해주는 오랜 친구다. 우리가 대화를 나누는 자리에 새가 날아와 배경음악이 되어 준다. 어느새 나비 세 마리도 날아와 하늘거리다 풀꽃에 살포시 내려앉는다. 모두 내 곁을 지켜주는 동무다.

어떤 때는 범나비 두 마리와 노랑나비 한 마리가 나와 같이 있어준다. 갈 때마다 기다린 듯이 날아드는 나비를 보며 참 이상하다 싶어 한번은 차 안에 들어가 숨어서 살펴보았다. 나비는 같이 놀 사람이 없어 심심한지 어디론지 날아가 버렸다. 조금 있다가 내가 다시 올라가면 알기나 한 듯 또다시 날아와 주위를 맴돌며 바람처럼 살랑거린다. 나비는 그리운 이의 영혼이라는 말을 믿는다. 진초록 숲에 나를 찾아 날아드는 나비는 내가 그리워하는 사람들의 영혼이라고 느낀다. 나비를 보면 내 가슴은 첫사랑 연인을 만난 것처럼 설렌다.

나비와 바람, 숲속 초록빛 햇살 아래 그을린 나는 한데 어울려 하나의 자연이 된다. 녹색 치료의 비법을 굳이 알아서가 아니다. 산불이 난 숲도 임의로 나무를 심기보다 그냥 두는 쪽이 복원속도가 빠르다는 연구 결과가 있다. 자연적으로 풀씨가 날아오고 나무가 다시 자라 생태계가 깨어지지 않게 순리적으로 복원되는 것이다. 자연에는 사람의 힘이 미치지 못하는 자정력이 있다. 사람도 자연의 일부이기에 그런 치료법이 더 효과적이라고 믿는다.

꼭 오늘처럼 이런 봄날, 친정에 다니러 갔다. 어머니와 제일 친하게 지내신 집안 아주머니의 막내아들이 나를 마중 나왔다. 그렇지 않아도 어머니가 안 계신 집은 남의 집처럼 서먹하던 터였다. 아주머니가 좋아하시는 담배 한 보루를 사 들고 그 아이를 따라나섰다.

아주머니는 절구통에서 막 찧은 찹쌀을 손질하고 있었다. 벼를 조금씩 보관해 두었다가 생일 때나 귀한 손님이 오면 갓 찧어서 밥을 해주는 게 제일 큰 접대로 여기던 시절이었기에 아주머니의 따뜻한 마음이 전해져 왔다.

친정엄마인 듯 내 손을 꼭 잡아 주시며 눈물을 글썽였다. "얼굴이 많이 상했구나. 시집살이가 많이 힘들재?"

딸들을 시켜 산과 들, 바다에서 좋은 것은 다 구해 오셨다. 요리해서 지키고 앉아 밥그릇을 비우게 하셨다. 입덧하느라 밥을 통 먹지 못했는데 조물조물 무친 산나물에 바닷가에서 갓 파온 싱싱한 조개로 끓인 국과 소라가 입맛을 돋워주었다. 새큼하게 익은 돌나물김치는 또 어찌나 맛있던지 염치도 없이 김치를 마시다시피 했다. 눈치 빠른 아주머니는 "우리 자야가 태기가 있는가 보다"며 큰 사발에 담아 내왔다. "너거 엄마 살아 계실 때, 임신한 조카딸이며 친구 딸 불러 맛있는 걸 다 해주더니 당신 딸이 임신했는데도 알고나 있는지, 기가 막힌다"며 옷고름으로 눈물을 찍어 냈다. 떡두꺼비 같은 아들을 낳으라시며 어머니 살아 계셨으면 말씀해주었을 것들을 이것저것 일러주셨다. 나는 심한 입덧도 멎었고 생기를 되찾을 수 있었다. 며칠 더 있으라며 친정엄마같이 잡아 주시던 손의 온기를 잊을 수가 없다.

지병인 해소 기침으로 오래 고생하신다는 소문을 듣고도 찾아뵙지 못한 것이 내내 죄송하기만 하다. 그 시절엔 부산과 거제가 멀기도 했지만 왜 그리도 여유가 없었던지…. 세상 뜨셨다는 소식을 듣고 첫아이를 가지고 힘들 때의 기억과 함께 복잡한 심정이 몰려와 뜨겁게 울었다. 친정어머니를 보내는 아픔에 버금가는 슬픔이었다. 돌나물과 고향, 어머니, 그리운 이들이 내 가슴에 붙박이별로 빛난다.

자연의 그 위대한 푸르름은 명의에 버금간다. 고마운 분들의 손맛처럼 엄마의 약손처럼 우리의 아픈 배를 채우고 쓸어준다. 인간은 그 푸름에 안겨 동화해야 할 작은 자연이다.

환상처럼 나비 수십 마리가 순식간에 날아올라 군무를 춘다. 나는 현란한 나비춤을 배경으로 남겨두고 자연 속에서 걸어 나왔다.

허기

친구의 농장으로 가는 좁다란 길을 오른다. 얼마 전만 해도 푸른 바다 같던 보리밭이 황금빛으로 출렁인다. 보리 물결마다 전설 속 불새가 날갯짓하는지 영롱한 빛이 떨어져 내린다.

어린 시절에는 설피 익은 보리를 한 줌 뜯어 짚불에 구워 먹으면 입에서 단내가 났다. 그것은 겨우내 우리 속에서 잠들어 있던 봄의 온기였다. 아득한 숲에서 들려 오는 뻐꾸기 소리가 그만 여기서 길을 잃어도 좋겠다는 엉뚱한 생각이 들 만큼 여자애를 유혹했다.

어제인 듯 입가를 닦아 본다. 까만 재가 손등에 묻어나는가 싶더니 허기진 그리움이 소화불량처럼 명치에 맺힌다. 인근

산에서 뻐꾸기 소리가 들린다. 금세 후드득 빗방울이 떨어진다. 뺨에 닿는 비의 차가움에 화들짝 고개를 든다.

눈앞에 찔레꽃 천지다. 꿈속인 듯 아득하다. 꽃잎에 무당벌레 한 마리가 앉았다가 놀라 달아난다. 하얀 찔레꽃을 보면 가슴이 저려온다. 오랜만에 곱게 차려입고 나들이 가는 어머니의 자태와 닮은 찔레꽃은 짙은 향처럼 절절하게 아린 사연을 담고 있다. 발끝에 떨어진 꽃잎을 한 잎 한 잎 줍는다.

찔레 순을 한주먹이나 따서 내게 불쑥 내밀던 아이에게서도 늘 찔레 향이 났다. 찔레 넝쿨 밑에는 옛날부터 뱀이 많이 나오기로 소문이 자자하다. 추억 속의 그 아이는 겁도 없이 마치 타잔처럼 숲을 누비고 다녔다. 겁 많은 내게 자주 피비며 찔레 순을 따주면서 "그리 무섭나?" 하며 미소 지었다.

찔레 향 짙게 바람에 날리던 날, 그 아이는 마을을 떠났다. 내게 찔레순 한 움큼과 꼬깃꼬깃한 편지 한 장을 남겼다. 어찌나 연필을 눌러 썼던지 종이가 다 찢어질 지경이었다. 밤새 그 편지를 적었을 아이 생각에 가슴이 조심스럽게 떨렸다. 아득한 추억이라 다 기억이 나지는 않지만, 찔레나무 밑에 뱀은 안 나온다며 무서워하지 말고 찔레 순을 따보라고, 오랜 세월이 지나 어른이 되어도 나를 잊지 않겠다던 글귀는 또렷이 남아 있다.

그 편지를 오래도록 버리지 못하고 책갈피에 숨겨두고 간직했다. 그렇게 세월이 흘러 어른이 되고도 많은 세월이 더 흘렀다. 생각해보니 내가 더 그 아이를 그리워했던 것 같다. 그 아이도 세월의 흔적이 늘어가면서 나를 기억하고 있을까.

지금 나는 푸른 숲에 자청하여 갇혔다. 손 마디마디에 푸른 물이 들도록 나물을 뜯는다. 오월이 오면 더욱, 허기진 추억을 메우고 싶다. 뻐꾸기가 덧없이 울음 운다.

바람
한 자락을
훔치다

툭하면 넘어져 무릎에 피멍 자국을 문신처럼 달고 다녔다. 어른이 되어서도 달라지지 않더니 오늘도 길을 걷다가 삐끗했다. 잠자리에 누우니, 그 자리가 아픈 만큼 얼굴이 달아오른다. 철없던 시절의 내 행동과 함께 바람할머니에게 소원을 빌던 어머니가 떠오른다.

영등할매라 불리는 바람할머니는 날씨의 신이다. 비를 내려주고 사람의 행복과 불행도 쥐고 있는 줄 믿었다. 날씨는 천재지변에 속했고 날씨에 따라 먹고 사는 것이 영향받던 시절이었으니 그럴 만도 하다.

음력 이월을 바람달이라 불렀다. 이월 초하루부터 그믐까지 마을 어른들은 매일 정성을 들였다.

새벽달 청청한 시각에 시린 물을 퍼 올려 목욕재계하고 맨 처음 떠서 올린 물을 하얀 사기그릇에 담아 장독대 앞에 놓는다. 무지갯빛 색색의 비단 천을 꺾어 소나무 가지마다 널어 사기그릇 주위로 장독대에 꽂아 둔다. 집안의 처녀와 새댁들은 인형 옷처럼 작은 각시 옷을 정성껏 지어 비단 천 사이에 걸어둔다. 그 집 새댁들의 바느질 솜씨가 각시 옷으로 돋보인다. 각시 옷들이 바람에 살랑거리면 하늘에서 선녀가 내려와 춤을 추는 것처럼 보였다.

바람달 그믐이 다되어 가면 영등할매가 하늘로 올라간다. 집집마다 깨끗한 소지종이를 불살라 그 불꽃을 하늘로 올려 보낸다. 종이가 날아오를 때마다 가족 한 사람 한 사람의 이름을 부르며 건강과 복을 빈다. 영등할매는 마법사처럼 우리의 소원을 들어주었다.

그런 일은 소녀의 눈에 아주 흥미로웠다. 그 일을 준비하는 어른들의 표정은 너무나 엄숙해서 괜한 호기심과 장난기는 속으로 잦아들고 말았다. 그런데도 한 가지 욕심은 잠재울 수가 없었다. 나무에 걸린 각시 옷을 가지고 싶어 안달이 났다. '비단 헝겊 하나쯤은 괜찮겠지!' 어른들께 야단맞을까 봐 겁

나면서도 그만 저지르고 말았다.

바람에 신비하게 나부끼는 천 중에 제일 예쁜 천 하나를 뽑아 들었다. 누가 볼 새라 뛰어가다가 뾰족하게 생긴 돌에 받혀 그만 넘어지고 말았다. 무릎에 강한 전류가 지나는 것처럼 아팠고 심하게 찍힌 무릎 상처에서 피가 흘렀다. 빨리 일어나지도 못하고 엉거주춤 있다가, 언뜻 스치는 죄책감에 헝겊도 내버려 두고 벌떡 일어났다. 그리곤 줄행랑을 치듯 뛰었다. 마음으론 십 리는 달려온 것 같았는데 그 근처에서 맴돌고 있었던가 보다.

"봐라, 영등할매 바람 한 자락 훔칠라고 하니 그래 되었재."

마침 외할머니가 보고 연신 웃으며 내가 훔친 천을 있던 자리에 꽂아 두셨다. 그리고는 자꾸만 치마로 숨기는 내 다리를 보고 깜짝 놀랐다.

"너거 엄마 보면 또 야단맞겠다. 여기 가만히 앉아 있거라."

인자한 외할머니는 방에 들어가 빨간 물약(머큐로크롬액)을 가지고 와 발라 주셨다. 몹시 따끔거렸지만 꾹 참았다. "조심해서 다녀야지." 꼭 안아주시자 따뜻한 체온에 부끄러움은 묻어두고 눈물이 났다.

외할머니는 색색의 비단 천이 바람 한 자락이라고 하셨다. 순풍, 미풍 같이 한 해 동안 불어올 좋고도 고마운 바람이라고 말씀하셨다. 우리는 모두 영등할매가 그달 마을 사람들의 대접에 따라 비, 복, 바람을 준다고 믿었다. 폭풍이 쳐도 무사히 만선을 올리고 땅에서는 비가 적당히 내려 풍년이 들면 영동할매가 흡족하셨던가 보다 생각했다. 바닷물이 폭풍의 사신으로 변해 고기잡이 나간 배를 집어삼킬 때면 우리의 정성이 소홀했다고 반성했다.

"어머니! 올해는 영등할매가 딸을 데리고 왔습니까? 며느리를 데리고 왔습니까?" 장난삼아 물어보면 "올해는 이달 내내 비가 오는 걸 보니 며느리를 데리고 왔는갑다." 하셨다.

"왜 며느리를 데리고 오면 비가 오나요?"

"딸을 데리고 오면 고운 옷 팔랑이며 잘 내려오라고 바람이 불고 며느리를 데리고 오면 며느리 옷이 비에 다 젖어 보기 싫게 되라고 비를 내리게 한다."

어린 마음에 며느리가 되지 않고 딸이 되었다는 게 다행이라는 생각을 했다. 영원히 그렇게 어머니의 딸로만 살아갈 줄 알았다. 생각해보면 참으로 씁쓸한 이야기이다. 어른들은 오랜 가뭄이면 제발 며느리를 데려오라고 빌었다. 비 며느리의 희생이 만물에 생명을 준다는, 며느리의 희생을 미덕이라고 강요해 온 시대적 발상이 안타깝다.

지구는 이제 기상변화가 심해서 종잡을 수가 없다. 비 며느리가 가출이라도 한 것인지, 영등할매가 신세대 며느리를 대하는 지혜라도 실천하며 사는 것인지 몇 개월에 걸쳐 비는 내리지 않고 바람딸의 고운 치맛자락만 팔랑이고 있다. 지금이라면 영등할매도 개방된 시어머니가 되어 며느리를 데리고 와도 비를 내리지 않고 바람만 조금 불게 할는지 모르겠다. 기상이변과 오랜 가뭄도 환경오염 때문이라고 하니 지구환경을 지키는 데도 노력해야 할 것이다. 그것이 영등할매의 마음을 움직이게 하는 신세대식 정성이 아닐까.

전설 속에 사는 영등할매에게 손녀처럼 부탁해보고 싶다.

'할머니 제발 며느리를 데리고 올 때, 며느리와 햇살 잘 드는 높은 언덕에서 쉬면서 비를 내리시고 그 비로 풍성해지는 만물을 보고 즐기세요.'

내일 새벽에는 맑은 새벽별을 보며 잠들어 있는 영등할매의 바람 한 자락을 다시 훔쳐야겠다. 내일은 비가 오겠지. 그래 내일은 비가 오겠지. 비가.

약수藥手

봄은 한바탕 축제다. 언 땅이 녹으면서 쑥이며 냉이를 키워 내고 노랗고 빨간 봄꽃을 피워 올린다. 땅속에서 분출하는 생명력이 작은 풀꽃 잎으로 먼저 말을 건다. 봄은 무한사랑이다. 겨우내 움츠렸던 세상과 수줍은 사랑을 시작하고, 나 자신을 사랑하는 계절이 또한 봄이다.

오랜만에 약수터에 가려고 좁은 등산로를 따라 도심 속 산을 오른다. 언제부터인가 뜸했다. 몸이 아프기도 했지만 이런저런 일에 치여 마음의 여유가 없었다. 오랜만에 온 객을 반기는 듯 새들이 바삐 날아다니며 싱그러운 아침을 노래한다. 겨울나무보다 의연하게 돌아온 나를 겨울나무와 함께 겨울을 보낸 산이 끌어안는다. 아침이슬로 세수한 풀잎도 말간 얼굴로 나를 반긴다.

낯익은 사람들이 오르내린다. 눈인사를 나누며 계속 오른다. 약수를 등에 지고 벌써 내려가는 사람도 있다. 얼마나 일찍 올라온 것일까. 산을 오르려니 지나온 세월만큼이나 힘겹다. 약수터로 오르는 쪽 길은 더욱 힘이 든다. 약수터가 가까워지면 청아한 물소리가 들리고 맑은 물 냄새가 난다. 삼십여 년을 한결같이 졸졸졸 흐르는 이곳 물맛은 달기로 소문이 자자하다. 작은 생수병을 들고 약수터로 올라 내가 사는 동네를 내려다보니 멀어진 시간만큼이나 까마득하다.

물을 한 잔 받아 마신다. 세상에 태어나서 처음 청량음료를 먹을 때의 기억이 떠오른다. 가슴까지 짜릿한 게 와서 쏘아대던 충격처럼 약수 한 잔이 그러하다. 가슴 속의 깊이가 어디인지도 모르게 내려가 나를 깨워 흔든다. 순간 머리가 텅 비는 것 같더니 산이, 봄이 내 속으로 들어온다. 푸르고 맑은 생명수로 나는 다시 깨어난다. 마음도 몸도 맑아진다. 삶에 지친 내게 봄 같은 생명력을 불어넣어 준다.

힘들다고 이 산에 다시 오르지 않았더라면 잊고 말았을 소중한 추억들이 주마등처럼 스쳐간다. 가난하지만 그래서 오히려 부자 같았던 그 시절로 돌아간다 해도 괜찮을 것 같다. 땅을 비집고 올라온 봄풀처럼 생기 넘치고 푸릇푸릇했던 시절이 아닌가. 산에 오르니 새삼 세상살이 그리 욕심을 내지 않아도 좋겠다는 생각이 든다. 맑은 물 한 잔으로 씻긴 가슴이 그렇게 말하고 있다. 욕심 없는 물줄기, 약수는 작은 물줄기를 멈추지 않고 흐른다. 가뭄에도 모자람 없고 폭우에도 넘침이 없다.

젊은 시절 위장병으로 시달렸다. 약수를 마시면 좋다고 해서 그때부터 하루도 빠짐없이 산에 올랐다. 약수를 마신 지 얼마 되지 않아 위장병은 언제 있었냐는 듯 나았다. 그러곤 어느새 몇십 년이 흘렀다. 약수는 내리사랑만 베푼 내 어머니를 닮았다. 어린 시절 나는 헛배앓이를 자주 했다. 그때마다 어머니는 따뜻한 손으로 배를 가만히 쓸어내려 주셨고, 앓던 배가 거짓말처럼 나았다. 약수藥水는 어머니의 약손을 닮아, 약수藥手다.

봄은 한바탕 생명의 축제이다. 끊이지 않고 흐르는 물줄기처럼 말없이 고달픈 겨울을 이기고 싱그러움으로 세상을 깨운다. 그 치유의 힘을 닮고 싶다. 또다시 찾아올 겨울에도 아랑곳하지 않는 그 당당함을 닮고 싶다. 생명과 치유의 어머니로서 약수藥手 같은 봄을 닮고 싶다.

지금은, 봄날!

천 개의
초록

기차를 타고 달리면 잠깐잠깐 터널이 나온다. 빛을 삼키며 시작되는 짧은 어둠, 그곳에 갇히면 비로소 창에 비친 형상이 뚜렷이 보인다. 기차 안은 어둠이 내려앉은 한 폭의 정물이 된다.

하나님께서 빛이 있으라 하매 빛이 있었고 또 낮과 밤을 나누셨다. 사람들은 아득히 오래전부터 창조주가 나눈 낮과 밤을 당연한 일처럼 맞고 보낸다. 오늘이 오면 그저 내일이 또 오겠거니 똑같은 하루를 보낸다. 일상의 작은 것들에 감동하지 않고 트집을 잡으며 권태로운 하루를 보내기 쉽다. 하루도 같은 날은 없다는 건 터널을 지나 알게 된다.

교통사고 후유증으로 힘들 때였다. 일기 예보를 보는 것보다 허리 상태를 보는 것이 날씨 가늠하기에 더 빠를 정도였다. 몸의 통증은 정신까지 병들게 한다. 왜 그리 짜증을 내냐며 웃고 지내라고 말한다. '몸이 아파보면 그 심정을 알 텐데…' 나는 그저 못 들은 척하고 말았다.

그날은 친구와 들에 쑥을 캐러 가기로 했다. 차를 가져오겠다고 채근하는 친구가 아니어도 봄맞이를 하러 어디든 나가고 싶었다. 친구는 이것저것 맛난 재료로 도시락을 준비해 왔다. 카 스테레오에서 유치한 유행가들이 흘러나왔다. 평소에는 감정을 부풀려보기도 하지만 그날은 달랐다. 유행가 가사가 이리 가슴에 와 닿았던 적이 있었던가.

숲은 대지의 물을 길어 올려 초록 물결로 출렁인다. 손을 뻗으면 닿는 곳마다 초록으로 물이 들 것만 같다. 초록색을 분류하면 이백여 가지가 된다고 한다. 기껏 연초록, 진초록 정도로 느낄 뿐인데 이백여 가지나 된다니 놀랍다. 새삼 아는 것이 힘이라고, 자세히 보니 초록이 이백여 가지의 색으로 보이는 것도 같다. 그 초록색으로 봄이라는 글씨를 써보고 싶다. 그러면 이백 가지의 봄이 보일 것도 같다. 봄숲은 그렇게, 막 풋내 가신 젊은이를 닮았다.

차가 비포장도로에 접어들자 덜컹거릴 때마다 뿌연 흙먼

지가 일어난다. 도시의 스모그 속에 날아다니는 황사와는 달리 콧속을 간지럽히는 시골 흙먼지는 달았다. 비포장도로에서도 한참을 더 가자, 어린 시절 고향마을과 닮은 들판이 보인다. 어릴 적 친구들과 들쑥이며 냉이를 캐던 추억이 어제만 같다. 쑥을 캐는 일도 서로 경쟁이 되어서 쑥에 물을 뿌리고 손으로 살살 얼러 한 바구니 가득 만들어놓으면 봄볕에 금세 푹 들어가기 일쑤였다. 쑥 캐는 날은 잔칫날이었다. 쑥떡이며 쑥국이며 찹쌀을 갈아 콩을 섞어 쑥범벅을 해 먹으면 입안에 감도는 그윽한 쑥 향기로 며칠 동안 속이 든든했다.

이런저런 이야기에 쑥 캐는 건 뒷전이다 보니 쑥 바구니가 허전하다. 친구는 가져온 토마토를 쓱쓱 문질러 한입 베어 물며 하나 건넨다. 나도 한 입 베어 무는데, 봄 들판의 정적을 깨고 갑자기 핸드폰이 울린다. 작은아들이 뜬다.

"집에 들를게요."

"엄마 먼 데 있다. 오지 마라. 친구하고 들에 쑥 캐러 왔거든."

잠시 침묵이 흐르더니 며느리와 아이들의 웅성거리는 소리가 들려왔다.

"어머니, 저예요. 안 그래도 애들도 쑥 캐러 가자고 하는데 지금 갈게요. 어디로 가면 되죠?" 오지 말라고 만류하다 오는 길을 가르쳐준다. 오래전에 농장을 했던 곳이라 아이들도 찾기가 그리 어렵지는 않을 것이다.

얼마 전 몸살이 났다. 신열이 오르는가 싶더니 한기가 들었다. 이제는 몸 아픈 것이 제일 두려워 미루지 않고 병원에 갔다. 링거를 꽂고 한바탕 난리를 치렀다. 괜스레 아이들에게 짜증을 내고 엄마에게 관심도 없는 불효자식으로 만들어놓았다. 자주 이런 내 모습이 당혹스럽다.

한 시간도 채 되지 않아 아이들이 왔다. 연필 깎는 칼 몇 개를 준비하고 비닐봉지를 들고 쑥을 캐겠다고 나선다. 이제 제법 커서 여우 짓을 하는 아이들이 쑥 많이 뜯어서 할머니 좋아하는 쑥떡을 해주겠다고 서두른다. 고사리손으로 얼마나 캐려는지 몰라도 야심만만하다. 나는 어떤 것이 쑥이고 어떻게 캐는 것인지 가르쳐주고 캐보라고 한다. 아이고 어른이고 우르르 몰려다니며 쑥을 캐는 것이 아니라 뜯기 시작한다. 그들이 내겐 하나의 초록이 되어 눈부신 봄 풍경이 되어준다.

보지 않고 생각만으로 사람의 관계를 가늠하면 오해에 빠지게 된다. 며칠 전의 몸살로 아이들에게 상처가 된 것 같아 괜히 미안해진다. 손녀가 가끔 내게로 뛰어와 흙 반 잡초 반인 봉지를 내밀고 귀엽게 자랑한다. 저걸로 어떻게 쑥떡을 빚을 건지, 에라 모르겠다.

친구가 싸 온 점심과 아이들이 사 온 음식을 들에 풀어 놓고 점심을 먹는다. 농부가 일한 후 먹는 들밥인 듯 달다.

터널을 다 빠져나온 듯하다. 어둠이었다가 갑자기 눈 뜨지 못할 정도로 빛이 밝다. 산들바람에 흩날리는 벚꽃잎 아래 선 듯 눈이 부셔 현기증이 난다.

"형님이 오늘 근사한데 가서 어머니 저녁 사드린다고 하던데, 좋은 데 생각해보세요." 상추쌈을 볼이 터져라 먹던 아들이 잊은 것을 생각해 낸 듯 말한다.

점심을 먹고 나자 아이들은 쑥 캐는 건 잊고 들꽃을 꺾으며 뛰어다닌다. 또 하나의 초록을 지긋이 바라보며 친구와 앉아 커피를 마신다.

> 그 자리에 땅을 파고 묻혀 죽고 싶을 정도의 침통한 슬픔에 함몰되어 있더라도 참으로 신비로운 것은 그처럼 침통한 슬픔이 지극히 사소한 기쁨에 의하여 위로된다는 사실이다. 큰 슬픔이 인내되고 극복되기 위해서는 반드시 동일한 크기의 커다란 기쁨이 필요한 것은 아니다. 작은 기쁨이 이룩해 내는 엄청난 역할이 놀랍다.
>
> - 신영복 『감옥으로부터의 사색』에서

잠시 후면 온 가족이 모여 떠들썩한 저녁을 먹을 것이다 친구에게 같이 가자고 하며 아이들이 쑥이라고 캔 풀잎으로 봄이라는 글자를 써본다. 초록의 몇 번째 색일까.

어느 일요일 봄날 하루가 초록이 지듯 지고 있다.

카네이션의 진심

거리에 꽃물결이 인다. 상점마다 작고 앙증맞은 꽃바구니가 사람들을 부른다. 신문이며 텔레비전도 특별한 날에 맞게 효자 효녀 효부들의 이야기로 넘친다. 매일 오늘만 같으면 세상 뉴스는 미담으로 가득 찰 것이다. 남의 이야기인데도 눈물겹고 내 일인 것처럼 가슴에 와닿는다.

어린 시절에는 어머니날이라 했다. 그날이 되면 어머니께 종이로 만든 카네이션을 달아 드렸다. 부모가 되어서도 어버이날이 되면 내 부모의 가슴에 꽃을 꽂아 드리고 싶은 간절함에 목이 멘다. 어떤 친구는 꽃을 달아 드릴 부모님이 일찍 돌아가셔서 오월이 없었으면 좋겠다고 한다. 빛과 그림자처럼 세상의 기쁨은 슬픔이라는 다른 얼굴을 가지고 있다.

어버이날 이른 아침, 해가 너무 맑고 환하게 비친다. 복잡한 마음과 새삼스러운 감회에 사로잡혀 있는데 전화벨이 깜짝 놀랄 만큼 크게 울렸다.

"엄마!"

처음 듣는 목소리였다. 전화기가 윙윙거리기 시작하더니 저 멀리서 어렴풋하던 막내아들의 목소리가 또렷이 들려왔다. 엄마라는 이름, 오랜만에 듣는 가슴 아린 부름이었다. 어버이날이라 제 엄마를 잊지 않고 몇천 리 이국땅에서 엄마를 부르고 있다니. 말하지 않아도 피붙이만이 느낄 수 있는 끈끈함이 느껴졌다.

중국에 있는 아들. 사업을 준비한다고 떠난 길이지만 가족과 떨어져 고생할 생각에 가슴이 아렸다. 왁자지껄 놀던 친구들이 모두 집으로 돌아간 텅 빈 운동장을 바라보는 심정이었다. 한동안 공황상태로 보냈다. 내가 사는 공간이 넓어져 허전했고 아들이 쓰던 물건은 축소되어 가슴에 와 박혀오던 시간이었다.

아이들이 어린 시절 어버이날이면 학교에서 색종이를 꼬깃꼬깃 접어 만든 카네이션을 가슴에 달아주었다. "아버지, 어머니, 사랑합니다." 꾹꾹 눌러 쓴 편지에 삐뚤빼뚤한 글자 한 자 한 자를 어떻게 잊어버리겠는가.

어느 추운 나라에 새가 가정을 꾸리고 살고 있었다. 어미 새는 추위와 천적에게서 새끼 새를 보호하기 위해 자기 몸의 깃털을 하나씩 뽑아 새끼에게 붙여주었다. 어미 새는 알몸이 되어 추위에 떨며 세상을 마감했다. 사람도 그렇다. 어미는 일생을 자식 잘되는 것 하나 바라보고 희생을 아끼지 않고 다 주고 가는 것이다. 사람이 살아간다는 것은 결국 주기 위한 것이고 산다는 것은 받기보다 주는 것이다.

"아들아!"

울컥해지는 숨을 참으며 명랑한 목소리로 맞았다. 더 떼어줄 깃털이 남아 있나, 나를 살펴보며 말이다. 아들은 더 이상의 깃털을 바라지 않지만 부모는 의식이 있는 한 주려고 한다. 밥은 잘 먹는지, 몸은 건강한지 서로 되묻고 아들도 웃고 나도 웃고 별말도 없이 그러다 전화를 끊었다.

뚜뚜뚜…. 계속되는 기계음은 아들을 찾고 있었다. 어린 시절 유난히 개구쟁이였던 작은아들은 딸보다 더 곰살맞게 굴었다. 밖에 나갔다 오면 계단을 부숴놓을 듯이 쿵쾅거리며 뛰어 올라왔다. 조용히 다니라 하면 그저 환한 미소로 답했다. 집 안이 아이 웃음소리와 조잘대며 애교떠는 소리로 가득 찼다. 며칠이라도 없으면 산사에라도 온 것처럼 고요함이 어색해서 안절부절못했다. 나는 빈집에서 아들처럼 떠들며 노래를 불렀다.

봄이었다. 어느 자식인들 귀하지 않겠냐마는 내게 봄날처럼 따스한 행복과 생명을 불어넣어 주었다. 꽃샘바람처럼 심술궂게 가슴을 멍들게도 했다. 이른 결혼을 선포하고 막내들끼리 어설프게 부모가 되어 가는 과정을 어미는 지켜보았다. 주는 사랑을 더 가르치지 못하고 보낸 게 불안하고 가슴 아팠다. 누구나 젊은 시절 겪는 시행착오를 어른답게 극복해 가니 기특하면서도 부모의 가슴 한쪽은 저린 법이다. 아직도 내게는 어린아이 같아 보이므로.

한 시절이라 했던가. 이제 그들도 제 부모처럼 주기 위해 끊임없이 노력하며 산다. 아들이 그 나라 말을 익히고 문화를 알게 된 것처럼 더 성숙해진 것을 안다. 온전히 주는 사랑을 배웠을 것이다. 어설프지만 설레는 가슴 안고 진심으로 '사랑합니다'라고 썼던 어릴 적 고백을 잊지 않고 살아가기를. 창밖에 무르익은 봄처럼 그의 삶이 푸릇한 생명으로 가득 차 묘목이 거목이 되듯 그렇게 살아가기를 기도한다.

세상의 어버이에게 붉은 카네이션 한 송이 바치고 싶다.

오월의 노래가 된 나의 부모님에게도.

겨울,
달빛에
그리움 걸어두고

같이
걷는
길

예순은 귀가 순해져 세상을 이해하는 나이라 한다. 백세시대에 나이 아흔은 어떻게 이해될까. 그리 보면 지금이 가장 젊을 때이다.

한의원에서 구순에 가까운 노인을 만났다. 뼈만 앙상하게 남아 걸음도 제대로 걷지 못하면서 아픈 다리를 치료하러 왔다. 먼 시간을 지나는 것 같은 눈빛만으로 그가 걸어온 세월을 다 짐작할 수는 없을 것이다. 며느리의 손에 이끌려 온 노인의 피곤해 보이는 육신이 나의 미래 같기도 하여 그저 가슴이 아렸다. 그들에게도 청춘이 있었고 가슴 아린 사랑도 있었을 것이다. 그때 지금의 나이를 짐작이나 할 수 있었을까.

시간의 먼바다에 빠진 듯한 노인은 같이 온 작은며느리와 산다고 한다. 오래 함께 살아서인지 얼마 전에 뇌수술을 받고 아직 머리에 붕대도 못 푼 며느리에게 당신의 아픈 곳을 거리낌 없이 호소한다. 큰며느리가 어머니 모시기를 꺼려서 분란이 종종 일어나자 선뜻 작은며느리가 나섰다. 시골에서 혼자서 끼니도 못 챙기는 시어머니를 모셔 오면서 그들은 제법 오랜 세월을 같이 살아왔다고 한다. 살면서 엇갈림이 왜 없었겠는가. 며느리는 그저 웃는다.

"큰 수술까지 했는데 큰동서가 붕대 풀 때까지라도 좀 돌봐주지. 동서가 너무 하네." 내가 한숨이 나와 말했다.

"어머니가 이제 대소변도 못 가리시니…. 부탁을 해봤는데 지금까지도 안 모셨는데 모시겠어요? 형제간에 마음만 상할 것 같아서 그냥 두라고 했어요."

파마하는 것처럼 머리에 보자기를 쓰고 있는 며느리는 언뜻 시어머니가 들을까 봐 귀도 닫으신 양반의 눈치를 본다.

대청마루에 앉아 계셨던 할머니가 생각난다. 장죽에 담뱃불을 붙여 매운 연기를 내뱉으며 겨울 낮 해바라기를 하시는 할머니. 대쪽 같고 호랑이 같았던 당신의 주름진 손이 내 손에 잡힐 듯하지만 그리움만큼이나 멀다. 돌아가시기 전까지도 마음에 싫은 것이 있으면 긴 담뱃대를 마루에 툭툭 치며 헛기침을 해대셨다. 그러면 집안 식구들이 숨죽여 할머니의 심기가 편해질 때까지 조심했다. 그 당당함이 어린 눈에는 심술궂어 보였다.

"형제간에는 맏동서가 잘해야 집안이 편한 기다. 니 무신 말인지 알겠나?"

언젠가 집안 제사에 갔다가 선잠에 할머니의 목소리가 들렸다. 큰아들을 앞세워 보내고 혼자 된 큰며느리와 같이 살면서도 이리 호통을 치셨다. 큰어머니는 그저 고개를 숙이고 묵묵히 할머니의 꾸중을 들었다. "작은아들집에 가서 사시면 좋을 텐데…" 이 한마디에 큰어머니만 꾸중을 듣게 된 게 민망하여 대청마루에 서서 헛기침을 하시던 아버지. 흐릿해진 그때 광경을 떠올리면 가슴 언저리가 저린다.

함께 늙어가는 며느리가 대주 없는 집안에서 지내기가 얼마나 힘겨웠겠는가. 사람들은 때가 되면 할머니가 계신 큰집을 챙겼고, 멀리 나가 있던 친척들도 집안의 어른으로 큰어머니를 대했다. 집안의 대소사는 할머니의 퍼런 서슬 아래 큰어머니를 통해 결정되었다. 큰집에 가면 아버지는 형수를 대하면서도 양반 자리 앉지 않고, 집안의 대소사를 거꾸로 아버지에게 물어오는 큰어머니에게 조심조심 이런저런 일을 알려주셨다. 그러면 아버지는 다시 할머니에게 말씀을 드리고 결국은 아버지가 모든 일을 다 처리하였다. 그래도 할머니는 큰어머니가 나서지 않는 일을 받아들이지 않았다. 큰어머니의 위치를 지켜주시려고 그랬다는 걸 뒤늦게야 알았다.

어린 눈에는 어른들이 이상하게 보였다. 세상을 살아보니 이제 할머니의 서슬 속에 숨어 있는 며느리에 대한 사랑과 묵묵히 할머니 말씀을 따르던 큰어머니의 모습이 참으로 아름답게 느껴진다. 세상에 어느 친구가 그럴 수 있을까. 두 분 다 세상을 떠나신 지 오래다.

어느 해, 큰어머니가 갑자기 기력이 약해져 일 년도 안 되어 몇 년은 늙어 보였다. 사람들이 저러다 얼마 못 살 거라는 말을 했다. 외할아버지는 몸 약한 딸을 위해 일 년에 몇 번씩 손수 치신 토종꿀을 보내왔다. 어머니는 그 꿀을 들고 큰집에 갔다. 큰 비밀이라도 되는 것처럼 큰어머니에게 꿀을 드리고는 손을 잡고 같이 울었다. 그 꿀을 드셔서인지 큰어머니는 회복되어갔다. 남편 없이 호랑이 같은 시어머니 시집살이하는 큰어머니를 생각하면 가슴 아프다고 어머니는 늘 말씀하셨다.

할머니가 우리 집에 오시는 날이면 우리는 인사만 드리고 나가 놀다 와야 했다. 처음에는 노는 게 신이 나서 몰랐다. 하루는 놀다가 넘어져서 집에 들어가 보니 어머니가 찹쌀 인절미를 해서 할머니께 드리고 있었다. 그랬던 것이다. 입 많은 걸 보면 할머니 드실 게 적을까 봐 우리를 내보내고 군음식을 해 드린 것이다. 고부간의 역할, 동서들 간의 관계가 지금으로서는 거짓말 같은 이야기로 들릴지 모른다.

세상은 돌고 돈다. 나쁜 것이 성하면 선한 것이 기울고 선한 것이 성하면 악한 것이 기우는 이치가 아닐까. 우리 모두 좀 더 멀리 생각하며 살면 어떨까. 많이 살아야 백 년인데 말이다. 할머니는 치료를 잘 받고 며느리 손에 의지해 병원 문을 나섰다. 그들이 잡은 따스한 손길이 오래도록 계속되었으면 좋겠다는 바람은 며느리를 너무 힘들게 하는 욕심일까. 두 사람이 손잡고 함께 걸어가는 뒷모습을 한참 바라보았다.

나도 저 나이가 되면 서로 사랑했던 사람들이 참으로 많았다고 말하고 싶다. 옆에 있는 사람이 어디를 보고 걷고 있는지 관심을 가져 보는 게 좋겠다. 비록 서로 바라보는 곳이 조금 달라도 곁을 지키며 같이 걷는 길이 아름답지 않은가.

할머니가 겨울 볕 따스한 대청마루에 앉아 장죽 치는 소리가 들리는 것 같다. 파란만장한 한바탕 꿈처럼….

대청마루 연극제

연말이 되면 행사가 많아진다. 성당에서도 성탄절 즈음이면 아이들이 연극을 준비하느라 모여 다니며 흥분된 시간을 보낸다. 무언가 열중해서 할 수 있다는 것은 몹시도 즐거운 일이다.

한마디 대사라도 틀리지 않으려고 애를 쓰는 아이들을 생각하니 지나간 겨울 영상이 한꺼번에 밀려온다. 인생이 한판 연극이라는 은유는 뒤늦게 알게 되는 진실이고 어린 시절 실제로 나의 첫 연극이 공연되었다.

한국전쟁이 터지고 1.4 후퇴 이후 많은 피난민이 거제도에 머물렀다. 지금도 역사의 현장으로 남은 거제도 포로수용소는 전쟁의 상흔을 말해준다. 유난히 낯선 사람들이 많았던 그 시절 우리 집도 예외는 아니었다.

대학생 언니들 셋이 우리 집에서 겨울을 나게 되었다. 특이하게 들렸던 이북 사투리에 신여성이라 불린 도회지 풍 외모가 내게는 동화 속 요정들 같았다. 그들은 같은 고향 선후배였다. 제일 멋쟁이였던 선옥 언니와 충남 언니는 대학을 다니다 왔다고 했고 순박하게 생긴 길녀 언니는 피난길에 만난 고향 동생이라고 했다. 공무원이었던 아버지는 그들에게 많은 것을 묻지도 않고 방을 비워 주셨다. 엄마의 걱정을 한마디로 나무라시며 있을 만큼 편히 있다 가라 하셨다.

언제나 밝았던 언니들은 우리 집 허드렛일을 거들었다. 동네 아이들에게 공부와 노래를 가르쳐 주고 책을 읽어주었다. 어느 날에는 아이들에게 연극을 해보자고 했다. 지금 생각해보면 선옥 언니와 충남 언니는 이북에서 연극 단원들이 아니었나 하는 생각이 든다.

연극을 처음 접하게 된 아이들은 좋아하면서도 두려워했다. 어떤 아이들은 집에서 혼이 나서 며칠 연습하던 배역을 다른 아이에게 내어주는 일도 종종 있었다. 놀이로 하는 것인데도 연극은 사당패들이나 하는 짓이라고 노여워하는 어른들이 많았다. 후미진 섬마을, 문화적인 어떤 변화도 용납되지 않던 시절이라 아이들은 대부분 똑같은 경험을 반복했다. 배역이 수시로 바뀔 수밖에 없었다.

언니들은 일인이역을 감수해가며 연습을 시켰다. 동네 아이들은 당연히 우리 집을 배회하게 되었다. 나는 괜스레 으스대며 내 마음에 거슬리는 아이는 집에 들어오지도 못하게 했다. 아이들은 급기야 내 비위를 맞추느라 자기에겐 소중한 장난감이나 먹을 것을 가져오기도 했다.

나는 당연히 모든 연극에 관여하게 되었다. 소품을 만드는 것부터 언니들이 대사 연습할 때도 옆에 꼭 붙어 앉아 연극 속으로 빨려 들어갔다. 언니들이 시키는 심부름이라면 무엇이든 즐겁게 했다. 독창과 무용 연습은 길녀 언니가 주로 해주었다. 길녀 언니는 유난히 노래를 잘 불렀다. 떠나온 고향을 그리워하는 표정과 목소리로 흥얼흥얼 하루 종일 노래 불렀다. 언니가 없는 나는 언니들이 우리 집에 언제까지고 있었으면 하는 소망으로 가득했다.

대청마루 연극제가 열리는 날!

동네 아이들이 펼치는 몇 가지 순서가 끝나고 막간에 무용을 곁들인 독창을 하기로 예정되었다. 색 고운 한복을 입고 꼭두각시 화장도 하고 내 순서를 기다리는 동안 어찌나 떨렸던지 무대에 발을 디디고 설 수 없을 것 같았다. 나를 소개하는 언니의 목소리를 듣고 가려진 휘장이 열리는 순간, 동네 사람들의 박수 소리만 아득히 들릴 뿐 눈앞은 그야말로 새카만 낭떠러지였다. 반주도 없이 부른 노래는 내 몸을 통해 나가는 소리가 아닌 것 같았다. 노래와 무용을 어찌어찌 해내고 허리를 있는 대로 굽혀 인사를 하자, 어린것이 귀여웠는지 박수 소리가 요란하게 터졌다.

맨 뒤에서 보시던 아버지의 흐뭇한 표정이 그때야 눈에 들어왔다. 나는 대단한 사람이 된 기분이 들었다. 얼토당토않게 아이다운 그 자만감으로 나는 오래도록 도도하게, 난타하는 생을 버텨냈다고 생각한다.

연극이 열릴 차례다. 대청마루 휘장 뒤에서는 연극 순서를 맡은 아이들의 조심스러운 발소리가 났다. 휘장은 우여곡절 끝에 아버지가 구해 오신 것이다. 남폿불을 더 밝히고 약간의 뜸을 들여 기대감을 고조했다. 아버지의 초대 덕분인지 제법 많이 온 마을 사람들이 마당을 가득 채웠다. 추위에도 불구하고 짚으로 만든 동네잔치용 자리를 깔고 앉아 가려진 휘장이 펼쳐지기만을 기다렸다. 오빠들이 휘장 뒤에서 막이 끝날 때마다 휘장을 가렸다 걷는 중대한 임무를 맡아 주었다. 신이 난 건 오빠들도 마찬가지였다.

대청마루에 걸린 몇 개의 남폿불이 무대를 환하게 비추고 성옥 언니의 대사로 연극이 시작되었다. 진하게 분장한 언니들과 아이들은 연습할 때와는 달리 막상 무대에 오르자 실수도 하지 않고 너무 잘 해냈다. 중간중간 노래와 무용을 곁들인 연극은 그야말로 대성황을 이루었다.

동네 어른들도 흥이 오를 대로 올랐다. 흥을 돋우어주는 것이 없던 때라 우리는 모두 신명을 다했다. 노래를 따라 부르기도 하고 같이 웃고 울다가 연극이 끝나고 막이 내려지는 순간, 아이 어른 할 것 없이 모두 슬피 울었다.

언니가 피날레로 고향을 그리는 노래를 불렀다.

"아아! 금강산 일만이천봉마다 기암이요."

언니가 흐느끼자 여기저기서 훌쩍이기 시작해 온 마당이 울음바다가 되었다.

연극을 무사히 마쳤다. 분장한 아이들은 우리 집에서 준비한 저녁을 먹고 밤 깊도록 놀다가 아쉬움을 뒤로하고 집으로 돌아갔다.

언니들은 휘장을 걷고 무대를 치우며 오랫동안 말이 없었다. 무슨 생각에 빠진 듯 골몰한 표정이었다. 그렇게 언니들이 온 지 두 달이 다 되어갈 즈음, 많이 지을 것도 없는 농사일이 완전히 끝나고 마을 사람들의 부탁으로 연극을 한 번 더 했다. 성옥 언니와 충남 언니 둘은 그 공연이 끝나고 며칠도 되지 않아 가족을 찾아보러 가겠다며 인사했다. 마을 사람들은 언니들이 떠난다는 소리에 조금씩 모아서 여비를 준비해 주었다. 길녀 언니는 찾을 가족이 없다고 이 년쯤 더 지내다가 먼저 떠난 언니들이 소개한 남자와 결혼하려고 우리 집을 떠났다.

겨울날의 남폿불만 한 밝기로 내 기억 속에 남아 있는 사람들. 나는 그 작은 남폿불 밝기에도 얼굴이 빨갛게 익을 만큼 언니들의 열정을 닮으려 애썼다. 그때의 언니들은 모두 어떻게 지내고 있을까. 열정은 아직 남폿불 빛으로 남아 있다.

미친 사랑의 노래

소리는 사람의 기억을 깨운다. 라디오를 켰더니 오래전에 유행했던 '섬마을 선생님'이 구슬프게 흘러나온다. 대중가요란 누구나 들으면 가슴 저미도록 공감되는 사연이 아니던가.

'해당화 피고 지는 섬마을에….' 노래를 따라 흥얼거리다 노래와 꼭 닮은 추억이 떠올라 마음 깊은 곳에서부터 비를 흠뻑 맞은 것처럼 몸살을 한다.

눈을 뜨면 바다, 별도 달도 바다색으로 뜨고 지던 섬마을이 내 고향이다. 겨울이면 동백꽃 지천으로 피던 작은 섬마을 학교 선생님들은 마을 처녀들의 우상이었다. 특히 새로 부임해 오는 선생님이 총각 선생님이라는 소문이 돌면 처녀들 마음에는 파도가 인다.

선생님들은 학생을 가르치는 일 외에도 마을의 크고 작은 모임을 주도하고 이끌어갔다. 계몽운동이라는 명목 아래 마을 처녀들이 모이는 곳에는 총각 선생님이 초대되었다. 그 모임은 사교적 성격을 띠었다. 마을에는 거의 친척 오빠 아니면 나이는 비슷해도 조카뻘 되었고, 낯선 남자라고는 학교에 부임해 오는 총각 선생님뿐이었다. 우리 눈엔 모든 남자의 이상형으로 보일 수밖에 없었다.

그들의 말로 유배지라 생각하는 섬마을. 가족을 데리고 온 선생들은 좀 나았지만 독신이나 총각 선생들이 이삼 년을 견디기는 힘들었을 것이다. 같은 나이의 총각 선생들은 어딜 가나 같이 다녔다. 밤마다 뒷동산 잔디밭에 앉아 파도 소리를 협주 삼아 하모니카를 불었다. 하모니카 소리가 나면 나는 천리 길 창문가에 서서 달려가고 싶어 미칠 지경이었다. 막무가내 그들에게로 달려가는 마음을 어찌할 수가 없었다.

혼자서 오랫동안 가슴앓이를 해오던 어느 날, 막냇동생을 통해 편지 한 장을 보냈다. 정자로 또박또박 '오늘 저녁 작은 모임이 있는데, 친구와 같이 꼭 좀 나와 주십시오'라고 정중히 적었다. 몇 시간 동안 어머니께 어떻게 거짓말을 할 것인가를 고민했다. 이웃집 친구는 언제든지 나올 수 있었으니 같이 불렀다. 내 이유 있는 일탈에 대해 무슨 거짓말을 했는지 잘 기억은 나지 않지만 어쨌든 집을 빠져나갈 수 있었다. 그때의 설렘과 떨림은 내 평생 다시는 느낄 수 없었다.

총각 선생 둘이서 우리를 기다리고 있었다. 마을에서 조금은 떨어진 곳이라 하모니카에 맞춰 노래도 불렀다. 은은한 목소리로 슈베르트 세레나데를 부를 땐 황홀한 달빛이 황홀한 기웃거리며 비춰주었다. 개구리 합창과 호수 같은 바다 그 신비 속에 묻혀 잔디밭 위에서 여름밤이 익어가고 우리는 한 폭의 수채화가 되었다. 오랜 시간이 흐르고 나서 같이 갔던 친구는 그때 노래 부르던 내 모습이 내가 아닌 것 같았다고 회상했다. 너의 가슴 어느 곳에 그런 대담한 열정이 있었으며 언제부터 그렇게 노래를 잘 불렀는지 궁금했다고 말했다.

집에 갈 일은 아예 잊어버린 채 놀다 정신이 번쩍 들었다. 이미 열두 시가 다 되어 갔다. 신데렐라도 아니고 아예 죽을 각오를 하고 도둑고양이처럼 살며시 진땀을 흘리며 집 안으로 들어가는 데 성공했다. 다음날도 그다음 날도 친구와 나는 사람들의 눈을 피해 그곳에 갔다. 우리는 잔디밭 동산이 이렇게 아름다운 줄 몰랐다며 문학과 음악, 마을의 전설까지 이야기하느라 시간 가는 줄 몰랐다.

언제 살며시 오셨을까. 내 옆에 어머니가 새파랗게 질린 얼굴로 서 계셨다. 아버지에게 들키면 나하고 같이 죽는다시며 피가 통하지 않아 감각이 없어질 정도로 손목을 꽉 잡고 끌었다. 갑자기 당한 일에 총각 선생 두 사람은 어쩔 줄 몰라 고개를 숙여 미안하다고 사죄했다. 무엇이 미안한 것인지 화가 났다. 막냇동생의 담임이고 우리 집을 다 아는 형편이었으니 이해되었지만 둘이서 있었던 것도 아니지 않나. 이런 마음이 솟구쳐 억울하고 창피했다. 생전 처음 어머니께 내가 어린애냐며 덤볐고 어머니는 막무가내였다. 동네 사람들이 보면 어떻게 생각할 거냐고 야단이셨다.

그날 이후 집에서는 감시체제가 발동했다. 밤에 못 나가는 신세가 되어버렸다. 작은 마을이라 거의 절반 이상은 일가로 이루어져 있어 소문이 빨랐다. 마을에 허다했던 소문의 주인공, 외사랑으로 마을을 발칵 뒤집었던 언니의 상처가 되살아난 어른들은 총각 선생님 옆에 아예 얼씬 못하게 금족령을 내리고 말았다.

언니는 집안에서도 제일 엄한 환경에서 가정교육을 받고 자랐다. 소위 신여성이었다. 고등교육을 받았고, 교사를 꿈꾸었다. 서울에서 유학 중 몸이 아파 휴양하러 본가에 내려와 있었다. 언니는 어린 우리가 봐도 참말 고왔다. 그 사연의 주인공이라고는 믿을 수가 없었다.

섬마을 학교에 학예회가 계획되어 있었다. 막 부임한 교장 선생님은 섬마을 학교의 변화를 시도하고 있던 터였다. 멀리 읍에서 새 풍금이 배에 실려 오던 날, 외계인이라도 보는 것처럼 온 마을 사람들이 구경 나갔다. 언니는 그 시절 드물게 풍금을 연주할 수 있는 사람이었다. 교장 선생님의 특별 부탁으로 언니가 풍금연주를 맡게 되었다. 사람들은 그것이 불행의 시작이었다고 회상하곤 했다.

언니는 고개 넘어 십 리 길을 마다하지 않고 학교에 왔다. 자연적으로 총각 선생님과 가까워졌다. 총각 선생님의 외로움과 언니의 지적 공허감을 서로에게서 채우고자 했는지도 모른다. 언니의 풍금연주로 섬마을에는 음악 소리가 울려 퍼졌다.

선생님 부인이 짐을 싸서 섬마을로 내려오면서 일은 터졌다. 부인과 아이가 있었던 것이다. 총각으로 알려졌던 그의 태도가 갑자기 돌변했다. 언제 총각이라고 했냐고 농담하며 언니에게 씻을 수 없는 상처를 냈다. 언니는 임신한 상태였다. 가짜 총각 선생은 다른 학교로 갔고 양심상 사직서를 냈다는 소식이 바람결에 들렸다.

언니의 부모님은 차라리 죽으라며 딸을 집 안에 가두었다. 유산하려고 독한 약을 먹은 언니는 바다에 뛰어들었다, 마침 지나던 이웃의 고깃배에 발견되어 목숨은 건졌지만 모든 걸 잃고 실신 상태였다. 얼마 후부터는 기억을 파도에 휩쓸려 보낸 사람 같지 않게 활짝 웃으며 마을을 돌아다녔다. 집에서는 문을 잠그고 묶어 놓기도 했지만 초인적인 힘으로 결박을 끊고 나왔다. 저 혼자 처절한 겨울을 딛고 피어나는 봄꽃처럼 환하게 웃었다. 그 웃음은 길을 잃고 떠다녔다. 그러다 지치면 이미 떠나고 없는 총각 선생님 집 앞에 하염없이 앉아 있다 오곤 했다.

언니는 연이어 부모님을 잃었다. 대쪽 같았던 아버지가 충격으로 돌아가시고 얼마 후 어머니도 뒤따라갔다. 혼자된 언니는 바람처럼 파도처럼 휩쓸려 다니는 신세가 되었다. 처음 얼마 동안은 불쌍해서 친척들이 돌봐주었는데 차츰 아무도 돌봐주지 않았다.

사랑의 광증은 전염병이 아닌데도 어른들은 자기 자식들을 그 옆에 얼씬도 못 하게 했다. 어디서라도 보이기만 하면 저쪽으로 돌아서 가곤 했다. 배가 고프면 재를 넘어 빠른 걸음으로 다니며 밥을 얻어먹고 모르는 곳에서는 아이들의 돌팔매질을 받아 온몸에 멍이 들어 다녔다. 언니의 순수했던 사랑은 오물을 쓰고 돌팔매질을 당했다.

어느 날인가는 비를 흠뻑 맞은 채 우리 집 처마 밑에 언니가 서 있었다. 바들바들 온몸을 떨고 있었다. 어머니는 눈시울을 적시며 옷을 갈아입혀 아래채에 앉혔다. 먹을 것도 주며 모시 삼는 방법을 가르쳐주었다. 그러면 한 며칠은 잘 삼다가 발작이 나면 거리를 뛰쳐나가 고함을 지르고 바다 건너 쪽을 향해 배우지도 못했을 욕지거리를 퍼붓다 지치면 들어왔다. 몸이 조금 괜찮을 땐 그렇게나 모시도 잘 삼았다. 나를 보면 웃기도 하고 말을 자꾸 하는데 어린 나는 좀체 알아들을 수 없었다. 그런 일이 일과처럼 되풀이되었다.

언니가 마을에서 사라진 건 얼마 후였다. 소문에는 바다에 뛰어들어 죽었다고도 하고, 거리를 떠돌아다니며 모진 목숨 이어간다고도 하며 또 고마운 사람의 도움으로 정신이 돌아와 서울에서 산다고도 했다. 소문은 확인되지 않은 채 유성처럼 떠돌다 사라졌다. 새 생명과 기억을 송두리째 앗아간 바다도 묵묵히 푸른 빛으로만 남아 있을 뿐, 아무것도 알려고 하지 않았다. 그렇게 고향 사람들의 가슴에도 생채기가 남았다.

동백꽃이 피고 지기를 두 번, 동생을 통해 한 통의 편지와 낯익은 하모니카가 내게 전해졌다. 다른 학교로 발령을 받아 가게 되었다는 말과 함께 부모님 말씀 잘 듣는 너는 행복하게 잘 살아갈 수 있을 거라며, 오랫동안 너와 이 바다를 많이 그리워할 거라고 적혀 있었다.

누군가를 미치도록 사랑해 본 적이 있는가.

어느 하늘 아래 살고 있을지도 모를 언니가 행복하기를 두 손 모아 빈다. 달빛 아래 그 밤을 떠올리며 하모니카를 서툴게 불어본다. 미친 사랑의 노래를.

내 안의 섬

신비로 기억되는 섬, 푸른 달빛 따라 걷노라면 그대로 바다에 이르는 섬. 내 안에 그런 섬 하나 있어 숨을 쉰다. 나의 이어도라고나 할까.

"이어도가 어디 있는 섬입니까?" 글벗들에게 자랑을 늘어놓는데 누군가가 너무 진지하게 물었다. "이어도는 전설의 섬이고 나의 이어도는 따로 있지요." 이렇게 말하려다 싱거워져 설핏 웃고 말았다.

그 섬에는 아침마다 푸른 안개가 내린다. 여러 해 전에 처음 가보고 반해 나의 이어도가 되었다. 그동안 나만의 비밀의 섬으로 남겨두었다. 가끔 바람이 전하는 말이 들려왔다. 그곳에 있는 언니와 전화로 소식을 나누었지만 다시 가볼 수 있을 것이라고는 생각하지 못했다. 멀기도 하고, 가슴에 남는 곳은 그저 가슴에 고이 담아두어야 한다고 믿었다.

수필집을 발간하고 일상다반사에 치이던 어느 날, 몹시 지친 나를 보았다. 체력도 약해지만 누에가 쏙 빠져나간 껍데기처럼 허망함이 손발을 묶었다. 멍하니 하루를 보내던 그때 그 섬에 사는 언니가 부산에 다니러 왔다가 나를 보러 왔다. 얼굴이 형편없다며 자기 집에서 며칠 푹 쉬었다 가라고 한사코 같이 섬에 가자고 했다. 한 해가 다 가는 끝자락에 언니를 따라나서기로 했다. 고맙게도, 내겐 그런 여행이 필요했다.

우리가 향하는 곳은 추도. 이른 새벽에 버스를 타고 통영에 내려서 다시 배에 올랐다. 처음이 아닌데도 바다에 떠서 보는 풍경이 무척이나 신비로웠다. 바다 곳곳에 솟아올라 있는 작은 무인도들이 보였다. 그저 하나의 바윗덩어리 같지만 이름이 있고 하나같이 슬프고 아름다운 전설을 품었다. 슬픈 사랑의 사연을 안은 사랑바위, 각시처럼 예쁜 섬이라 해서 각시도, 그 외에도 조도, 만지도, 연대도 같은 섬들은 오랜 세월 저편 사람들의 흔적이 느껴졌다. 사람의 이야기가 이곳에 이름을 지어 주었고 이야기를 심어 주었다.

지나다 보니 염소들만 사는 작은 섬이 보였다. 염소를 야생 상태로 풀어 놓고 사육하는 것 같았다. 푸릇푸릇한 풀 섬에 유유자적 움직이는 까만 염소들이 섬의 눈동자처럼 보였다. 배가 지날 때마다 하얀 포말이 일었다. 어디선가 우리를 이어도로 불러들이는 피리 소리가 들려 오는 것만 같았다.

추도의 후박나무에는 겨울이 깊이 스몄다. 이름 모를 새가 후박나무 빈 가지에 앉아 바다를 바라보았다. 섬의 새는 파도 소리로 울었다.

배에서 내려 해월의 집으로 가는 동안 아직도 배 안인 듯 울렁울렁 옅은 멀미가 일었다. 마을은 그대로였다. 미역이며 다시마가 담에 걸쳐 말라가고 마당 빨랫줄에는 오징어가 해풍을 맞으며 쫀득하게 마르는 중이었다. 바다에는 작은 고깃배가 오고 갔다. 배에 두어 사람이 타고 바닷물을 퍼 올리고 있었다. 신기한 풍경이라 자세히 보니, 그물을 끌어 올리는 중이었다.

집으로 오르는 동안 언니는 마을 사람들과 간간이 인사를 건네었다. 잠시 여행을 다녀온 누이를 맞는 듯 서로 정겨움이 묻어났다. 언덕 위에 자리 잡은 집은 겨울 햇살에 눈 부실 정도로 빛이 났다. 태양열 주택이라 유리로 된 성처럼 보였다. 잠그지도 않은 대문을 훨쩍 열고 들어가니 햇살이 먼저 마루에 따사롭게 내려앉아 반겼다.

그렇게 두 여자의 섬 시간이 시작되었다. 태양열 난방으로 따뜻해진 방에 앉아 창으로 들어오는 바다를 보았다. 바다는 참 자유로워 보였다. 배를 타고 오면서 내내 본 바다와 작은 창으로 들어와 있는 바다는 사뭇 달라 보였다. 희미한 달빛이 한 해를 갈무리하며 바다에 떠올랐다. 어둠이 깊어지자 바다는 보이지 않았다. 우리는 지나온 세월을 추억하며 긴긴밤을 보냈다.

언니는 나이 들어가면서 바다 빛이 달리 보인다고 했다. 이제 가야 할 길이 보이는 나이이기도 하다며 옅게 웃었다. 웃는 얼굴을 보면 나이를 알 수가 없다. 언니의 이야기를 간간이 들으며 잠이 들었다. 오랜만에 깊은 잠을 잤다.

창가로 눈 부신 해가 게으른 객의 아침을 열었다. 새해 첫날 첫해였다. 낯선 곳에서 새해에 떠오른 해는 더욱 감격스러웠다. 소망들이 많았으나 그냥 접었다. 소망을 빌고 앉아 있기에는 너무 충만하게 떠오른 해였으므로, 그대로 작은 창을 채우고 있는 해를 바라보는 것으로도 너무나 행복했으므로.

우린 이른 아침을 먹고 선창 가로 갔다. 어제 바다에 떠 있던 고깃배 위에서 물 좋은 생선을 팔았다. 우린 아직도 아가미로 숨을 쉬고 있는 물메기와 잡어를 사 들고 와서 손질한 후 요리했다. 요리래야 굽거나 찌개를 끓이는 게 전부였지만 산해진미가 부럽지 않았다. 도시에서는 맛볼 수 없는 싱싱한 생선을 먹으며 배보다 마음이 더욱 불러왔다.

나의 이어도는 이렇게 오래오래 내 마음속 깊이 자리한다. 너른 바다의 자유로운 풍경과 섬사람들의 따뜻하고 풍요로운 마음이 한가득 내 마음에 들어와 사라지지 않는다. 지금도 마음이 지치면 내 안의 섬을 꺼내어 펼친다. 내 이어도를 추억하며 마음은 벌써 그 섬에 가 닿는다.

명품
진품

검푸른 겨울밤이면 별자리가 또렷하게 빛난다. 길 잃은 기억들이 별똥별처럼 떨어져 내린다. 뿌연 기억의 온기가 창가에 성에처럼 끼면 시린 달빛이 내려와 앉는다. 겨울 별자리 선명한 날은 달빛도 따스함을 찾아 내려올 정도로 그리 추운가 보다.

이런 날은 따뜻한 화로가 그리워진다. 화롯불 앞에서 훈훈한 열기에 몸을 녹이며 가족들이 모여 앉아 오순도순 얘기꽃을 피우면 겨울밤이 그리 춥고 길지만은 않았다.

텔레비전에서 '진품명품'이라는 프로그램을 보았다. 겨울이라 그런지 도자기로 빚은 화로가 감정품으로 나왔다. 패널

들이 가격을 유추해보고 근접한 가격을 맞히는 사람에게 상품이 돌아갔다. 화로의 감정가는 일천만 원이었다. 자그마한 화로가 일천만 원이나 한다고 다들 놀랐다. 화로에 담긴 그 따스함의 세월을 돈으로 살 수 있을까. 도자기 화로는 옛날 양반들이 먼 길을 갈 때나 새색시가 시집갈 때 가마 속에 넣어서 다녔다고 전문감정위원이 설명했다.

우리가 어릴 땐 부엌 불을 지피고 질화로를 내다 불을 담았다. 이글거리는 불의 묵은 재를 다독거려 아침 밥상 옆에 두면 엄동설한에도 외풍을 막아주었다. 그 화롯불에다 파란 햇김을 구워 밥상에 놓으면 방 안 가득 바다 내음이 퍼졌다. 지금은 양식 김이 흔하지만 그땐 바위에 돋아나 있던 김을 일일이 손으로 뜯거나 기구로 긁어와 김 바라기에 말려 구워 먹었다. 잘못하면 태워버린다고 언제나 아버지께서 화롯불에 구워 골고루 나누어 주셨다. 김에 바다의 싱그러운 냄새가 배어 있었다. 요즘은 어떤 명품 김도 그런 향과 맛이 나지 않는다.

온 동네 아이들은 하루 종일 꽁꽁 얼어 호수처럼 큰 무논에서 썰매를 타고 놀았다. 공놀이하다 미끄러지고 넘어져도 아픈 줄도 몰랐다. 털옷 하나 없고, 내의조차 변변찮았는데도 얼음판 위에서 놀고 얼음을 마구 먹어도 감기 앓는 아이도 잘 없었다. 얼음판 위에서 놀다가 잠시 지치면 논둑 옆에 물이 솟아나는 웅덩이 가로 갔다. 깨끗하게 언 얼음을 잘게 깨어 바가지에 담고는 당원을 타서 양지쪽으로 왔다. 입이 얼얼하도록 자연 아이스께끼를 먹었다. 얼음도 간식이 되었던 시절, 얼음은 겨울에나 먹을 수 있는 줄 알았는데 도시에서는 여름에도 얼음을 먹는다는 말을 들었다. 우리에겐 그림의 떡이었다.

화롯가의 따스함을 그리며 놀았기에 추운 줄도 몰랐다. 겨울 놀이에 빠져 반쯤 언 채로 집에 들어가 화롯가에 앉으면 몸이 노골노골 녹아내렸다. 얼음판 위에서 썰매를 타다 얼은 몸과 손을 화롯불에 녹였다. 그러다 어머니가 짜주신 벙어리 장갑에 구멍을 내서 혼이 났다. 구멍 뚫린 장갑을 끼고 다니면서도 즐거웠다. 게다가 화로 속에 숨어 익은 고구마를 꺼내 먹는 맛이란 이루 말할 수 없이 달콤했다.

저녁 군불을 지핀 불은 다시 화로에 담아 인두로 다독거렸다. 어머니는 화롯가에서 겨울 긴긴밤을 바느질했다. 따뜻한 이불속에 발을 넣고 얼음판 위에서 있었던 일을 이야기하면 웃어 주셨다. "넌 꼭 선 머슴애 같노. 좀 딸애같이 놀아라." 말은 그렇게 해도 나무라는 표정이 아닌 것 같아 신이 나서 떠들다 화롯불 온기에 눈이 스르르 감겼다.

꿈속에서도 뛰어다녔다. 잠든 딸에게 이불을 덮어주고 다독거려주시던 어머니의 손길은 화롯불보다 더 따스했다. 화로 속에 담긴 불씨는 어머니 손길을 닮았다. 춥기만 했던 겨울밤이 어찌 그리도 따뜻했던지…. 삶의 온기를 불어넣어 주시던 어머니의 손길이 불현듯 그립다.

일찍 깊은 잠이 들면 이른 새벽에 눈을 떴다. 문을 열고 내다보면 밤새 소리 없이 내린 눈이 하얗게 온 마을을 덮었다. 아무도 밟지 않은 순결한 눈길은 겨울을 신비롭게 했다. 눈길이 끝나는 곳에 파란 바다가 이어졌다. 재만 남은 화롯가에서 쳐다보는 겨울 풍경. 간간이 개 짖는 소리가 들리고 바람의 장난질이 나뭇가지 위의 눈을 툭툭 털어내는 그 아침 풍경이 선연하다.

나의 삶도 이제 저녁이 되었다. 살면서 마음이 스산할 때면 어머니의 그 손길을 떠올리며 나를 다독인다. 하루의 저녁에 인두로 다독이던 불씨처럼, 이불 위로 내 가슴을 다독이던 어머니 손길처럼. 나는 아직도 화롯가에 앉아 졸음 겨운 눈으로 언 몸을 녹이는 아이이고 싶다. 겨울의 길목에서 명품진품이 되는 추억이고 싶다.

달빛에 그리움 걸어두고

설날은 '처음 시작하여 모든 것이 낯설다'라는 어원을 가진다. 시작은 늘 새로운 다짐을 세우고 어제와 다를 것이라는 주문을 걸게 한다. 모든 것이 새로워지니 언행심사言行心思에 조심하라는 큰 뜻이 담겨 있다.

두 번의 민족 대이동이 일어나는 추석과 설날, 그중에서도 설날은 제일 큰 명절로 꼽힌다. 새해가 되면 "까치 까치 설날"을 노래하며 일찌감치 설날을 기다린다. 코로나19로 몇 년간 주춤했지만, 각지로 흩어져 살던 사람들이 고향으로 몰리는 긴 행렬은 우리의 따뜻한 풍속이고 문화이다. 설빔을 입고 떡국을 먹으며 사람들은 한 해의 긴 시름을 잊고 새해를 맞으며 새로운 힘을 얻는다.

이번 설에는 아이들에게 한복을 해주고 싶어 진시장에 갔다. 어찌나 고운 한복들이 즐비한지 감탄사가 나온다. 한복은 국제의상대회에서도 민족의상상을 받을 만큼 아름다운 의상이다. 색동저고리에 연분홍 치마, 공주나 왕비가 입었던 당의가 가게 안을 가득 채우고 있다. 설빔으로 당의를 입고 제법 우아하게 웃어 보일 아이들 생각만 해도 미소가 번진다. 동심으로 돌아가 내가 아이가 된 듯 한복 몇 벌과 노리개까지 골라 손녀들에게 입힐 작정이다.

지금은 기성복이 당연한 세상이 되었지만 어린 시절 한복 한 벌을 입으려면 오래 기다려야 했다. 따뜻한 아랫목에서 졸다 잠이 드는 긴 겨울밤, 어머니는 바느질을 하셨다. 가끔 바늘에 손가락이 찔려 "아야!" 소리가 들려도 철없던 나는 마냥 행복했다. 어머니가 쉬지 않고 바쁘게 바느질을 해야 설날에 맞춰 고운 설빔을 입을 수 있었기 때문이다. '덜덜덜' 손재봉틀 소리에 잠이 깨면 한참을 더 자는 척하며 설날 아침을 머릿속에 그렸다. 행복에 겨워 일부러 이불을 차내면 어머니는 잠시 바느질감을 놓고 이불을 바로 덮어주고는 짓고 있던 한복을 누워 있는 내 몸에 대어 보셨다.

"아이고, 많이 컸네."

덩치만 커가는 나를 기특해하며 어머니는 다시 바느질에 집중하셨다. 설빔이 다 되면 이른 새벽이슬이 내릴 때 살짝 내어놓았다가 숯불에 빛이 날 정도로 다림질해 입혀주셨다. 단정히 옷고름을 매어주며 흐뭇해하시던 어머니 얼굴이 가슴 저리게 그립다.

나도 그리 해보고 싶다. 손녀들이지만 한 땀 한 땀 기워서 옷을 만들어 입혀 보고는 "팔을 올려봐라. 어깨를 바로 펴봐라"며 내 어머니가 되어보고 싶지만 바느질 솜씨가 없으니 상상에 머문다.

설날의 기쁨은 설빔에만 있는 게 아니다. 어머니는 장작불에 엿을 고아 조청을 만들어 작은 단지마다 채워 놓았다. 흰 떡가래나 찰떡을 조청에 듬뿍 찍어 먹으면 은은하게 달달한 맛에 작은 단지가 비워지기는 잠시였다.

어머니의 한 해 시작은 참으로 고달팠다. 정월 초하루를 시작으로 보름이 되기까지 친척이나 마을 사람들이 인사하러 오면 일일이 상을 차려 내야 했다. 설 전에 미리 해야 할 일도 많았다. 가래떡도 몇 말이나 해서 떡국에 쓸 떡을 썰었다. 배에서 잡아 온 싱싱한 갖가지 생선을 말렸다가 찌고 굽고 음식을 하는 날이면 어머니 얼굴 보기가 힘들었다. 특히 우리 배에서 잡은 큰 대구를 살짝 말렸다가 대구찜을 하면 최고 별미였다. 어머니의 대구찜 솜씨에 손님이 많이 오기 때문에 늘 가마솥 한가득 요리했다.

어머니의 고생은 정월 대보름까지 이어진다. 대보름이면 큰 함지박에 몇 가지 나물을 무친다. 마을 청년들이나 어른들이 지신밟기를 하느라 멀리서 꽹과리며 징 소리가 나면 일하는 사람들을 재촉해 나물밥을 준비하셨다. 대문 입구에서부터 요란하게 징이 울리고 잡신을 쫓는다며 한바탕 놀고 나면 광에서 잘 익어가던 막걸리가 항아리째 나온다. 그날은 마을 축제 날이었다. 긴 겨울 끝, 어부들은 잠시 바다 일을 놓고 한 해의 안녕을 빌었다. 바다마을 사람들은 바다를 의지해 삶을 이어가니 한 해 동안 풍랑이 없기를 빌고 부디 만선만 되기를 덕담하며 새해를 맞이했다.

나는 그들 속에서 내 어머니가 잠을 아껴 지어 주신 설빔을 입고 새해를 맞이했다. 딸 귀한 집에서 공주처럼 살기를 바라는 내 어머니의 소망을 과분하게 받아 입고서….

손녀들 설빔을 창가 벽에 일렬로 걸어둔다. 한밤의 불빛에 색감이 더 예뻐 보인다. 청청한 달빛에 그리움 걸어두고 아랫목에 누워 게으른 행복을 누리며 새해를 맞이해도 좋으리. 또 한 번의 설날이 깊어갈 것이다.

황후의 밥상

친구가 사색이 되어 들어왔다. 얼마 전 시골에 다니러 갔던 남편이 흑염소 한 마리를 사 왔다고 한다. 친구는 전형적인 도시 여자이고 남편은 귀촌을 꿈꾸고 준비하는 사람이다. 시골 가서 사는 것을 반대하는 친구 때문에 늦어지고 있는데 기어이 남자가 일을 벌인 것일까.

친구 손에 이끌려 급히 달려갔다. 친구 집 마당에서는 작은 새끼 흑염소 한 마리가 눈을 반짝이며 '메에 메에' 울고 있었다. 도시에 걸맞지 않은 생뚱맞은 풍경에 같이 간 친구들은 어이없다 하면서도 신기해 깔깔 웃었다. 각박한 도시인들 가슴 속에 소박한 그리움이 흐르고 있음이다.

흑염소를 보니 그 옛날의 기억 속 한때가 떠올랐다.

젊은 시절 아이 셋을 낳고 몇 달째 시름시름 앓아누운 적이 있다. 온몸에 열이 펄펄 나고 식은땀을 흘렸다. 한기가 들어 이불 속에 누우면 땅이 꺼져라 깊은 어둠 속에 빨려 들어가는 것 같았다. 죽음이란 게 그리 멀지 않게 느껴지기까지 했다. 병원에 가서 진찰하면 아무 병도 없다고 하니 더 걱정이었다. 시름시름 앙상한 나를 보며 젊은 사람이 저러다 일 치르겠다며 다들 걱정이었다. 이웃 사람들은 큰 무당을 불러 굿이라도 해야 한다고 조심스럽게 말했다.

어떻게 아셨는지 아버지가 오셨다. 며칠 전 다녀간 오빠가 알린 모양이었다. 어머니를 여읜 딸이라 아버지에게 나는 늘 아픈 손가락이었다. 아무리 힘든 일이 있어도 알려 드리고 싶지 않았다. 그저 잘살고 있다고 소문에라도 들려 드리고 싶었는데…. 아버지는 핏기 하나 없이 앉아 계셨다. 열 때문인지 꿈인지 생시인지 분간이 힘들었다.

"아버지, 바람이 심하던데 어째 오셨습니까? 배도 안 떴을 건데…."

뱃전에 부는 바람에 우우 울음을 삼켰을 아버지 생각에 목이 잠겼다. 배를 타고 섬에서 육지로 오는 길에 많이 고단해 보여 가슴이 더 쓰라렸다.

"괜찮다. 우찌 아프노! 이 서방이 고생이겠구나."

더는 말을 잇지 못하셨다. 이마에 얹은 손이 까칠하지만 따뜻했다. 아버지는 깊은 한숨을 쉬며 담배를 피웠다. 깊은숨을 들이쉴 때마다 연기가 피어올랐다. 담배 피우는 모습이 그리 슬프게 보이기는 처음이었다. 한참을 앉아계시더니 어디 다녀올 데가 있다며 다시 오마고 하셨다. 연을 날리다 연줄이 툭 끊어진 기분이 들었다.

그 길로 아버지는 외삼촌 집으로 가셨다. 외삼촌은 마산에서 제법 유명한 한의원을 했다. 진주사범학교를 나와서 교사생활을 하다가 일본인 교장과 싸우고 사표를 내고는 동경으로 가 한의학 공부를 마쳤다. 앉은뱅이를 걷게 할 정도로 소문이 자자하던 외삼촌이었지만 아버지는 어머니를 먼저 보낸 죄인이라 생각하고 당신이 아파도 찾아가지 않았다.

늦은 밤에 아버지는 하얀 보자기에 첩첩이 싼 약을 지어 오셨다. 약탕기까지 구해서 와 손수 달이기 시작했다. 사위는 안절부절못하고 쥐어박힌 것처럼 서 있었다.

"느그 외삼촌 유명한 한의사인 거 알제? 아를 셋 낳고 조리를 못 해서 그렇단다. 진액이 빠져서 그러니 약 잘 달여 먹고 좋은 거 잘 먹으면 괜찮을 거라고 하더라."

다음날 아버지는 다시 거제로 가셨다. 나는 약을 먹고 일어나 앉을 정도로 많이 회복했지만 누웠다 일어나면 자꾸 어지럼증이 왔다. 아버지의 공도 없이 회복하지 못하면 그 죄송함을 어찌할지가 걱정이었다.

며칠 지나지 않아 아버지가 다시 오셨다. 양손 가득 짐이 들려 있었다. 고향 바다에서 잡은 싱싱한 생선과 또 다른 상자 하나를 풀어놓았다. 상자에는 선홍빛 도는 고기와 곰거리까지 그득했다. 무슨 육고기인가 했더니 거제도에서 방목한 흑염소 한 마리를 구한 것이라 했다. 고향 마을 근처 낮은 산에는 유난히 흑염소가 많았다. 멀리 배를 타고 가다가도 까만 염소 떼들을 흔하게 볼 수 있었다. 산후 여자한테 흑염소가 좋다며 집안 가득 짐을 풀어놓고는 조금 있으면 이모가 오실 거라고 했다. 유난히 정이 많았던 이모는 대농에다 방앗간까지 해서 일이 많고 고달픈 생활을 하셨다. 내가 찾아가지 않으면 뵙기 힘든 분이었다.

한달음에 이모가 오셨다. 아버지와 이모를 번갈아 보며 마음이 편안해지고 온몸이 다 나은 듯 가벼워졌다. 이모는 병든 조카를 안쓰럽게 보더니 눈물을 감추었다. 그리곤 재바르게 손을 놀려 아버지와 앉아 풀어놓은 음식 재료들을 장만했다. 흑염소는 육회거리와 곰거리를 따로 다듬었다. 생선도 두고 먹을 것 금방 먹을 것 따로 장만해서 말릴 것은 널어 두었다. 가져온 쌀이며 잡곡들은 풀어 놓고 갓 짜온 참기름을 부어 만든 장에 흑염소 육회를 내왔다. 죽도 겨우 먹을 정도로 비위가 약해져 있었는데 선홍빛 육회를 보자 먹을 걸 처음 보는 사람처럼 입맛이 돌았다. 체면도 없이 어찌나 맛있게 먹었던지 등줄기에 땀이 흠뻑 젖어 쓰러지듯 잠이 들었다.

얼마 후 일어나자, 이모는 또 다른 먹을거리를 만들어 나를 먹였다. 불고기며 생선회며 생선찜이며 내 생에 그리 맛있는 음식을 그리 짧은 동안에 그리 많이 먹은 건 처음이었다. 이모는 식사 때마다 나를 먼저 챙겨준 후 할아버지, 아버지와 겸상을 하도록 아이들을 챙겼다. 나는 뽀얀 곰국에 하얀 쌀밥, 김치와 구운 생선을 곁들여 내어 온 밥상을 독차지했다. 어느 황후의 밥상이 이만큼 호사스러울까.

이모는 바쁜 일을 제쳐두고 며칠간 아버지와 계시면서 내게 생명을 불어넣는 데 성심을 다했다. 눈이 뜨이고 온몸에 기운이 잔설에 묻힌 새싹처럼 돋아났다. '소울푸드'라는 말이 뼈저리게 와 닿았다. 몸이 살아나야 영혼도 살아난다는 걸 그때 몸소 깨달았다. 곧 죽을 것처럼 꺼져가던 내 안의 불씨가 지펴지는 느낌을 온몸으로 받아들였다.

이후로 나는 빠르게 회복되었다. 굿이라도 해야 한다던 사람들이 들여다보고 얼굴에 화색이 돈다고 기뻐했다. 아버지는 내내 딸자식이 걱정되어 자주 찾아오셨다. 집도 없는 나를 오빠들의 눈치를 봐가며 잘살 수 있게 만들어주셨고 오빠들은 모르는 척해 주었다.

내가 몸도 마음도 걱정 없이 살 수 있을 즈음, 아버지는 우리 곁을 영영 떠났다. 부부 정이 유난히 깊었던 터라 어머니 없이 보낸 십 년의 세월이 아버지를 너무 작고 외롭게 만들었다. 이미 깊어진 병으로 아버지는 약도 제대로 쓰지 못하신 채 세상을 떴다. 아버지가 앓고 계실 때 사는 데 급급해 자주가 뵙지 못한 나는 두고두고 마음이 아렸다. 지금 같았으면 약도 마음껏 지어 드리고 산해진미를 다 구해 드릴 텐데…. 사랑은 내리사랑이라고 했던가. 젊은 시절을 바쁘게 보내고 나니 돌아볼 부모님이 가시고 없어 황망하기만 하다. 지금은 그 사랑에 애달파 울 뿐 갚을 길이 없다는 게 죄스럽다.

아버지가 남겨준 그 바닷가 밭에서는 우리나라에서 제일 맛있는 양파와 양파즙이 생산된다. 집안 동생이 양파 농사를 지어 많은 수확을 하고 내게도 보내 주어서 일 년 내내 잘 먹는다. 아버지와 이모가 차려 주신 밥상과 아버지가 주신 땅 덕분에 이곳저곳 아픈 곳은 있어도 그런대로 건강을 유지하며 잘살고 있다. 얼마나 감사한 일인지 모른다. 지금도 눈을 감으면 담배 연기 속에 뿌옇게 가려져 울음을 감추시던 아버지 얼굴이 선명하다. 까칠해진 손으로 이마를 짚어 보시며 가슴이 아파 터질 듯이 바라보시던 그 눈빛이 어제 본 것만 같다.

도시에 나타난 한 마리 새끼 흑염소처럼 추억의 사람들이 불현듯 나타날 수 있다면 얼마나 좋을까. 나를 살린 그때의 밥상처럼 가늠할 수 없이 먼 곳에 있는 이들이 날이 갈수록 더욱 그립다. 내 그리움은 살아서 끝나지 않을 깊고도 행복한 병이 되었다.

세상이 아름다운 이유

개울이나 무논이 얼어붙으면 손을 호호 불며 해지는 줄 모르고 썰매를 탔다. 자라서도 스키는 생각지도 않았다. 기다란 작대기 짚고 긴 신을 신고 눈밭을 활강하는 게 멋있긴 해도 거북해 보였다.

겨울 해가 잠들어 있는 새벽, 기어코 딸 식구들과 차에 올랐다. 스키는 타지 않아도 예약한 콘도에서 아이들과 눈 내린 경치를 구경하라는 딸의 성화에 따라나선 것이다. 어린아이 둘 건사하느라 힘든 딸에게 휴식 시간을 만들어줄 생각과 남쪽에서는 보지 못하는 눈을 실컷 보자는 마음이 같이 작동

했다.

눈송이가 솜털 같은 몸짓으로 날리고 있었다. 아이들은 곤히 잠이 들었고, 하얗게 덮인 거리는 투명한 새벽빛을 만들어냈다. 소풍 가는 아이처럼 부풀어 있는 딸 내외를 보며 나의 유년 시절이 떠올랐다. 겨울 한낮에 오빠들이 어설픈 망치질로 만들어둔 썰매를 들고 집을 나섰다. 얼음판 위에서 서로 밀어주며 엉키고 놀던 논두렁 위 겨울날의 아이들도 어딘가에서 나처럼 그 겨울을 추억하겠지.

곧게 뚫린 도로를 달려 잠깐이라 싶게 스키장에 닿았다. 세상이 눈 속에 덮여 잠잠하겠거니 예상했던 것과는 달리 인산인해를 이루고 있었다. 이른 시간에 참 부지런한 사람들이 많기도 했다. 하얗게 거리를 덮었던 고요한 눈의 빛깔도 이곳에서는 부산하게 움직이는 것 같았다. 차들 때문이었다. 스키장이 무슨 대형 주차장처럼 보였고, 차들이 사람의 수를 그대로 말해주었다.

눈이 부셨다. 눈의 빛과 차에 반사되는 빛 때문에 앞을 분간하기 힘들었다. 계속 나오던 재채기에 이어 약간의 신열을 느꼈지만 불쾌한 정도는 아니었다. 주차 대열 속에 끼어 한참을 헤매다가 스키장과는 아주 먼 곳에 차를 세워두고 콘도르 향하려고 했으나 사정상 오후가 되어야 들어갈 수 있다고 했다. 딸 내외는 정해진 시간에 스키를 타러 스키장으로 가고 아이 둘과 나는 몇 시간을 차 안에서 보낼 수밖에 없었다. 눈이 아릴 정도로 흰 눈 속에서 끝이 보이지 않게 줄 서서 기다리는 사람들을 내려다보며 경제가 어렵다는 뉴스에 낭패감마저 들었다.

다행히 순한 작은아이는 곤히 자고 있었다. 큰아이만 참아주면 견딜 만하겠다 싶었다. 큰아이가 칭얼거리기 시작하더니 엄마를 찾으며 눈물을 뚝뚝 쏟아내고 말았다. 우는 소리에 작은아이까지 깰까 봐 차 밖으로 나와 큰아이를 달랬다. 재채기에 상큼한 공기 한 점이 입안으로 불어 들었다. 아이도 눈덮인 겨울 아침 공기가 상쾌한지 울음을 멎고 둘레둘레 신기한 듯 쳐다보았다.

아까부터 느껴지던 약간의 신열에 재채기가 더 자주 나왔다. 다시 차 안으로 들어가 앉아야 할 것 같았다. 철컥, 하고 부드럽게 열려야 할 차 문이 꼼짝하지 않았다. 갑자기 신열이 싹 내리고 냉기가 목덜미를 흘러내렸다. 여태도 작은아이는 미동도 없이 편안한 얼굴이고, 열쇠는 차 시동 거는 곳에 걸려 아이처럼 잠들어 있었다. 내가 허둥대자 불안감이 전해졌던지 안겨있던 아이가 가슴을 파고들었다.

별생각이 다 들었다. 유리창이 꽉 닫힌 상황이라 큰일이다 싶었다. 공포감에 숨이 헉헉 차왔다. 아이를 안고 재바른 걸음으로 방송실을 찾아갔다. 사정을 말했지만 기계 고장으로 지금 방송이 되지 않는다고 했다. 거기서 내려다보는 스키장은 까마득했다. 다시 아이를 안고 차 쪽으로 내려올 수밖에 없었다. 팔다리가 후들거렸다. 혹시 깼을까. 아이 울음소리가 자지러지는 매미 소리처럼 귓전에 울렸다. 설상가상 눈앞에 보이는 수천 대의 차가 똑같아 보였다. 자동차들을 비집고 얼마나 헤맸는지 식은땀이 흘렀다. 한참 만에 차를 찾아냈다. 작은아이는 아직도 잠들어 있고, 차 문은 여전히 열리지 않았다. 어린 시절 썰매 타다가 짓궂은 아이가 세게 미는 바람에 썰매째 빙판 위에 처박혔을 때의 그 아득함과 현기증이 되살아났다. 졸도할 것만 같았다.

누군가 무어라 내게 말을 건네 정신을 차렸다. 검정 승용차 옆으로 젊은 청년 둘이 서 있었다. 차 문이 잠겨버렸다고 다급히 대답하자, 차 안을 들여다보았다.

“큰일 났네. 아이가 차에 한 명 더 있어.”

“너, 빨리 정비소에 가서 사람 데리고 와.”

남은 청년은 무슨 끈을 꺼내어 차 문 안으로 넣어 잠긴 문을 열어보려고 했다. 꼭 잠긴 문은 좀처럼 열리지 않았다. 한참 만에 정비소에 간 청년이 숨을 헐떡이며 달려왔다. 정비소에 사람이 없다며 철사 같은 걸 하나 구해 왔다. 아이는 그때까지도 혹시나 하는 생각이 들 정도로 잠들어 있었다. 불안해하는 내게 “아이랑 우리 차 안에 계세요.” 하며 그들 차 문을 열어 주었다. 밖에서 떨다가 차 안에 들어가 졸고 있는 아이를 안고 앉으니 천 길 만 길로 몸이 꺼지는 것 같았다. 신열이 다시 올랐다.

얼마나 시간이 흘렀을까. 비지땀을 흘리며 고투하던 그들이 철컥, 딩동, 하고 차 문을 여는 데 성공했다. 아이는 그때까지도 고른 숨을 내쉬며 자고 있었다. 얼떨결에 고맙다는 말도 제대로 못하고 서 있는 내게 "언제나 문을 잠글 때는 그냥 눌러서 잠그지 말고 차 열쇠로 잠그세요." 하며 환하게 웃어 주었다. 나풀나풀 내리던 눈이 그들 등 뒤에 커다란 날개를 만들어 달아주는 것 같았다. 두 청년은 전화번호라도 가르쳐 달라는 내 말에 "새해 복 많이 받으세요." 하며 급히 자리를 떴다.

돌아온 딸 내외에게 고마운 청년들 이야기를 흥분해서 들려주었다. 이미 원래대로 문이 열려 있으니 내가 몸소 겪은 드라마의 심각성을 못 느끼는 것 같았다.

"전화번호를 좀 적어놓지, 엄마."

콘도에 들어가 여장을 풀고 긴장한 몸도 풀었다. 아득한 공간에서 이른 아침에 본 천사들을 떠올려보았다. 이 땅 어디에 있든지 그들의 앞날에 행운이 있기를 빌었다. 언 땅을 비집고 꽃을 피우는 에델바이스처럼, 삭막한 세상에서도 이런 사람들이 있으니 세상은 그래도 살아볼 만하다. 눈이 펑펑 내리는 스키장을 창밖으로 바라보며 백색 천사의 날개 깃털이 펄럭거리는 환상에 젖었다.

아직은 아름다운, 살맛 나는 세상에서.

큰 별,
돌아가다

가뭄으로 목말라 하던 여린 채소들의 안부가 궁금했다. 옥상에 있는 크고 작은 옹기 안에 밤새 내린 비로 제법 물이 고였다. 찬 것, 뜨거운 것, 맵고도 짠 어떤 것을 담아도 다 품어 안아주는 까만 옹기 속에 찰랑찰랑 꽃샘추위 속 이른 봄비가 넌출거린다.

질그릇과 오지그릇을 통칭해 옹기甕器라고 한다. 보통 가정에서 쓰는 옹기는 독, 푼주, 동이, 항아리, 뚝배기, 방구리 등으로 나뉜다. 좋은 것은 물론이고 오물도 담을 수 있는 그릇이다. 옹기로 만든 시루 속에 콩을 놓으면 어머니 품속처럼 감싸주어 콩알 한 개도 버리지 않고 모두 싹을 내어준다. 자식을 키우듯 노란 콩나물들을 키도 꼭 같이 길러준다. 옹기는 모든 걸 담을 수 있는 품 넓은 그릇이고 자신을 내세우지 않는 소박한 그릇이다.

비를 맞으며 옹기를 바라보고 섰자니, 2월에 선종하신 김수환 추기경님의 아호가 떠오른다. '옹기'는 정말 추기경님의 아호로 잘 어울린다.

추기경님은 기억 속에 또렷한 어머니를 회고했다. 어머니는 무거운 옹기를 머리에 이고 행상 다녔다. 유년 시절 밤마다 한두 시간씩 기도를 바치는 어머니 옆에서 꾸벅꾸벅 졸며 기도문을 중얼댄 학생은 간절한 그 기도 덕에 장사꾼의 꿈을 접고 가난한 신자들을 몰래 돕는 사제로 성장했다. 어머니는 초가삼간 옹색한 집에서도 공소를 열고 사제를 맞아들인 독실한 신자였다. 추기경님은 그런 어머니를 기리기 위해서 '옹기'라고 아호를 지었을까. 옹기장학회도 몰래 설립하여 가난한 학생들에게 장학금을 주셨다.

추기경님의 선종 소식을 들은 그날, 저녁 하늘을 지켜보았다. 어디쯤 사랑의 별이 떨어졌을까. 대한민국의 양심을 상징하고 고통받는 이들을 온몸으로 위로하며 함께 운 추기경님. 그분의 조용한 성품처럼 하늘이 아무런 내색 없이 반짝이고 있었다.

참된 신앙은 종교와 이념을 초월하여 사랑을 실천하고 약한 이들의 편에 서서 방패막이가 되어야 한다. 이 세상 모든 이에게 사랑을 전하는 자가 종교 지도자들이다. 추기경님은 그중에서도 두드러지게 사랑을 베푼 분이다.

마침 서울에 갈 일이 있어 추모 미사에 참석할 수 있었다. 추모 행렬은 남달랐다. 무질서도 없고 쓰레기 하나 뒹굴지 않는 길고 긴 추모 행렬 속에 서서 기다렸다. 성당에 들어가는 길은 고요와 기도 그 자체였다. 명동성당 대형스크린에는 평소 좋아하신 '애모'와 '사랑을 위하여'를 노래하는 모습이 방영되었다.

추기경 이전에 한 인간으로서 따뜻한 가정과 가족이 그리웠을지도 모른다. 어머니의 간청으로 신부수업을 받으면서 갑갑하고 절제된 생활이 싫어 몇 번 도망갈 궁리도 했고 돈을 벌어 결혼도 하고 행복한 가정을 가져 불쌍한 사람을 도와주고 싶었다던 추기경님. 솔직하고 인간적인 품성을 간직한 분이었다. 윗자리에서 언제나 좋은 일만 하고 모범만 보여야 하니 얼마나 힘드셨을까. 가끔은 누구에겐가 기대어 하소연이라도 하고 싶을 때가 있었으리라. 고요한 잠 속에 든 추기경님을 뵈니, 오래전 돌아가신 아버지를 보는 것 같았다.

오랫동안 추기경님을 곁에서 모셨던 수녀님은 "추기경님은 참 좋겠습니다. 하늘나라에 가서 그렇게 그리워하시던 어머니도 만나고 하느님도 만나실 거니" 하며 눈물을 닦았다.

1998년 서울 대교구장직을 물러나면서 추기경님은 신자들에게 많은 영적예물(기도)을 받고 어린애같이 좋아하셨다.

"이다음에 죽어 베드로 사도 앞에 나갔을 때 만일 베드로 사도께서 아직 천당에 올 때가 아니니 연옥에 가서 기다리라고 하면 신자 여러분들이 오늘 제게 주신 이 영적 선물을 보여 드려야겠네요."

이렇게 기쁜 말씀으로 웃음을 나눌 줄 아셨던 추기경님.

절절한 가슴으로 추모 미사를 마치고 나와 길을 걸었다. 마지막 가시는 길에 참여할 수 있어 참으로 감사했다. 신발 밑이 미끄럽지 않을 정도의 싸락눈이 싸락싸락 별처럼 지상에 내리고 있었다. 하느님께로 가시는 길에 최고의 축복으로 여겨졌다.

'대한민국 민주화에 대한 추기경의 공헌은 역대 어느 대통령보다 크고 위대하다. 미국 민주주의에 링컨 대통령이 있다면 한국에는 김수환 추기경이 계신다고 생각한다. 20여 년간 추기경의 말과 행동을 지켜보고 내린 결론이다.'

당시 어느 신문에 보도된 기사다.

나는 이렇게 기도했다.

'그렇게도 많은 일을 하셨으니 이젠 하늘나라에서 편히 쉬면서 불쌍한 우리를 돌봐주십시오.'

큰 별이 진 지상에 계절은 어김없이 가고 또 올 것이다. 이 비 그치면 하늘에는 용기를 닮은 사람이 사는 별이 흐를 것이다. 하늘로 돌아간 별, 빛이 떨어지는 그때쯤 더 높은 곳에서 우리를 지켜보며 헤아릴 수 없는 사랑을 주실 분을 우러러본다.

가을,
여물어가는
들녘처럼

그 집 앞

밤 비행기 안에서 내려다본 저 아래 세상은 별이 총총히 박힌 또 하나의 밤하늘이다. 시그널 음악과 함께 "잠시 후면 김해공항"이라고 알리는 스튜어디스의 낭랑한 목소리가 들린다. 경음악이 흘러나온다.

'오가며 그 집 앞을 지나노라면 그리워 나도 몰래 발이 머물고….'

노랫말을 음미하며 나직이 불러본다. 오래전 짝사랑도 아닌 뜻 모를 풋사랑을 떠올리며 추억의 미로 속으로 빠져든다.

'그 집 앞'은 호롱불 희미한 불빛에 등 구부리고 앉아 해소 기침을 하던 그의 어머니가 비치던 곳이다. 밤이면 발길이 오래 머물곤 했던 그 집 앞은 늘 고요하고 모름지기 사람의 마음을 끌었다.

작은 오두막에 조그만 마루를 가운데 두고 방 두 개가 마주 보았다. 엉성한 부엌문이 바람결에 삐걱거리곤 했다. 그 집에는 홀어머니와 고등학교 교복 입은 남학생 그리고 늙은 개 한 마리가 전부였다.

섬마을 사람들 대부분이 그렇듯 늘 말이 없던 그 남학생도 폭풍우에 배를 타고 고기잡이 나간 아버지를 홀연히 잃었다. 온 동네가 어수선하고 슬픔에 가득 찼던 때 나는 그 집 앞을 자주 지나다녔다.

적요하던 오두막에 싸우는 소리가 들렸다. 무슨 일인지 남학생과 어머니의 언성이 높았다. 아들이 학교를 그만두고 도시로 돈 벌러 나가겠다고 하고 어머니가 통곡하며 울며 불며 말렸다. 나는 그만 그 자리에 선 채 얼음이 되고 말았다.

잠시의 침묵이 흘렀다. 남학생이 갑자기 방문을 열어젖히고 밖으로 뛰어나오다 멍하니 서 있던 나와 부딪혔다. 나는 민망해서 어쩔 줄 몰라 허둥대다 남학생의 눈에 맺힌 눈물을 보고 말았다. 남자의 눈물을 그때 처음 보았다. 남학생은 바다 쪽으로 뛰어갔고 나는 콩닥거리는 가슴을 수습하지 못한 채 반대 방향인 우리 집으로 뛰어갔다.

다음날부터 그 집 앞을 피해 돌아서 다녔다. 남자의 눈물과 비통한 얼굴을 본 건 세상 물정 몰랐던 내게는 큰 사건이었다. 살면서 그런 얼굴을 몇 번 더 보게 되었지만, 수줍은 여학생 가슴에는 왠지 모를 비통함과 함께 격랑이 일었다. 다시 그 얼굴을 보게 될까 봐 두려웠다. 가끔 멀리서 그 집을 보면 두 개의 방에 희미한 호롱불이 여전히 밝았다. 호롱불 빛에 공부하는 남학생과 기침하는 어머니가 동시에 흔들거렸다. 얼마 후인가, 작은 삼륜차 한 대가 그들을 싣고 떠나가는 광경을 마지막으로 보았다. 가을바람이 꽤 스산한 날이었다.

한동안 밤이 되어도 켜지지 않는 호롱불 빛을 찾으러 그 집 앞을 오가곤 했다. 오래지 않아 그 집 앞에는 잡풀들이 자라나 무성해졌다. 풀들이 자라난 만큼이나 세월이 흘러도 도무지 소식을 알 수 없었다. 해소 기침을 하시던 어머니는 건강을 회복했는지, 그 남학생은 학교를 계속 다니는지 아니면 직장생활을 하는지 그 집 앞에서 마주친 나의 눈빛을 기억이나 하는지 모든 게 미궁에 빠졌다.

비행기에서 내려 게이트를 빠져나올 때까지 다시 노래를 불러보았다.

오가며 그 집 앞을 지나노라면
그리워 나도 몰래 발이 머물고
오히려 눈에 띌까 다시 걸어도
되오면 그 자리에 서졌습니다.

- 이은상 작시

공항을 나와 내 손은 어느새 미끄러져 오는 택시를 세운다. 네온이 별처럼 빛나는 도시 한복판, 외로운 집사를 기다릴 내 집 앞으로 향한다.

가을
유혹

가을은 그리움이다. 누군가를 향한 것도 딱히 아니다. 무작정 가슴 한구석이 시린 계절이 가을이다. 늘상 불어오는 바람에도 은비늘 반짝이던 고향 바다가 사무친다. 회귀본능일까. 사람의 감정 또한 그런 것 같다. 아프지만 아름답게 남은 추억이 가을바람에 그리움의 길을 낸다.

어쩌면 가을은 그리움이 아닐지도 모른다. 그냥 거부할 수 없는 유혹 같은 것이다. 가을에 유혹되기는 너무 쉽다. 가을 숲으로 들어가면 유난히 예쁜 단풍잎이 나를 부른다. 가을 들길을 걷노라면 수수한 아낙을 닮은 들꽃이 반가워 고갯짓한다. 나는 노란 들국화잎을 따서 맑게 씻어 바람 잘 드나드는 그늘에 두어 말린다. 국화차를 정결한 물에 끓여 마시면 코끝에 와 닿는 차향이 깊고 은은하다. 가녀린 코스모스는 또 어떻고! 그해 산속 오두막집을 둘러싼 코스모스와 지붕을 비추던 보름달, 가슴 따뜻했던 우리들의 이야기를 떠올린다. 가을은 그런 것으로 나를 홀린다.

무주구천동에 같이 여행 갈 수 있느냐고 친구 연락이 왔다. 지난여름을 보내고 가을을 맞이하는 의식으로 훌훌 떠나기로 했다. 바쁜 일정이 짜여 있지만 며칠의 떠남은 실행에 옮겨볼 만했다. 가방을 급하게 꾸려 설레는 마음으로 차에 올랐다. 아직은 이른 가을의 푸르름과 가을의 문턱에 바짝 와있는 그 실팍한 풍경이 한마디 위로보다 온기 있다.

차가 달릴수록 더해가는 가을 정취에 흠뻑 취했다. 아직도 간간이 서 있는 백일홍 붉은 꽃이 초록 잎에 묻혀 바람에 갸웃거렸고 가을 풀꽃과 코스모스도 스치고 지나갔다. 군데군데 수해로 복구 작업을 하는 곳도 있었지만 언제 많은 비가 왔냐는 듯 옥같이 맑은 물이 계곡을 따라 굽이굽이 흐르고 있었다.

몇 시간을 갔을까. 무슨 성문 같은 게 나왔다. 삼국시대 신라와 백제가 국경을 이루던 곳이다. 산 모양이 모자 같다는 석모산 기암절벽을 뚫고 동서를 통하는 길을 내었던 흔적이다. 지금도 양쪽 지역의 언어와 풍습이 다르다고 한다. 한참을 가다 보니 곳곳에 미끄러지듯 흐르는 맑은 폭포수가 수림에 어우러져 경이로움을 더했다.

목적지도 없이 길이 있는 곳으로 무작정 달렸다. 한참을 가다 보니 산 밑쪽에 외딴집 하나가 보였다. 집 둘레에 병풍처럼 코스모스가 지천으로 피었다. 정말이지 오랜만에 보는 고운 풍경이었다. 하늘거리는 코스모스가 나를 유혹했다. 나는 친구들을 졸라 저 집에서 하룻밤 자고 가자고 했다.

무턱대고 들어가 주인을 찾아 불러보았다. 멍석에 고추를 말리고 있던 할머니가 깜짝 놀라며 물었다.

"외딴집에 누굴 찾아 왔습니까?"

"할머니를 찾아 왔습니다."

"이 볼일 없는 할망구한테 무슨 일로 왔을꼬?"

할머니는 반가운지 환히 웃었다.

그제야 우린 자초지종 얘기를 하며 이 코스모스 집에서 하룻밤 자고 싶다고 했다.

"얼마든지 자고 가이소. 그런데 반찬이 없어서 어짜꼬."

"아닙니다. 우리가 반찬은 가져 왔습니다. 하룻밤 재워만 주세요."

"그래, 우리 집에 쌀은 많이 있으니 며칠이라도 쉬어가소."

우리는 뜻밖의 횡재에 좋아서 어쩔 줄을 몰랐다.

"이게 앉어소."

할머니는 평상의 먼지를 걸레로 쓱쓱 닦으면서 오랜만에 사람 사는 것 같다며 좋아하신다. 평상 위로는 큰 감나무가 아직은 따가운 가을 햇살을 가려주었다.

맑은 공기를 마시며 감나무 밑에 앉았다. 어디서 날아왔는지 산새들이 조잘댔다. 도시의 공해와 소음을 떠나 자연에 흠뻑 빠져 서로의 얘기에 시간이 얼마나 지났는지도 몰랐다. 그동안 할머니는 김이 모락모락 나는 하얀 쌀밥과 솎음무와 배추에 붉은 고추를 듬성듬성 쓸어 넣고 담근 김치를 큰 대접에 가득 담아 요즘 보기 귀한 동그란 밥상에 그 모든 걸 차려왔다. 우린 준비해 온 밑반찬을 내놓았다.

"오늘 내 생일보다 더 거네." 하며 좋아하셨다.

"왜 할머니 혼자서 이렇게 사세요?"

"요새 어느 며느리가 같이 살라 하나?

할머니는 아들, 딸 하나씩인데 아들은 서울에 살고 딸은 강원도에서 사니 일 년에 한 번 정도밖에 보지 못한다고 한다. 갑자기 가슴이 서늘해졌다.

"내사 이렇게 사는 게 안 편나. 누가 귀찮게 하는 사람도 없고 돈 달라는 자식도 없어. 자고 싶으면 자고 내 손으로 꿈적일 때는 혼자 사는 게 제일 편하다오."

어쩐지 남의 일 같지 않았다. 분위기를 바꾸고 싶어 "저 달

좀 봐라." 하며 수다를 떨었다. 막 떠 오르는 둥근 달이 소나무에 걸려 있었다. 우린 누가 먼저랄 것도 없이 노래를 불렀다.

"달을 보니 누가 제일 생각나니?"

"나는 첫사랑이 생각난다."

내 말에 우린 모두 소녀처럼 깔깔 웃었다. 가을 달빛을 받은 코스모스들이 우리를 따라 몸을 흔들어댔다.

나의 가을은 코스모스로 더 애틋한 계절이다. 첫사랑이 살았던 그 오두막은 여름이면 키 큰 해바라기들이 울타리가 되었고 가을이면 산들바람에 하늘거리는 코스모스가 에워싸고 지켜주었다. 문득 떠오르는 첫사랑 소년의 둥근 얼굴. 해소기침을 하던 그의 어머니는 왜 이 가을이 되면 자주 떠오를까.

우린 첫사랑 얘기와 어린 시절 얘기에 시간 가는 줄 몰랐다. 어느새 할머니는 코를 골았다. 나는 그 동그란 소년의 얼굴을 떠올리며 '그 집 앞' 노래를 크게 불렀다. 정말 오랜만에 마음 속 슬픔을 다 털어냈다. 고향이 경상도라고 한 할머니는 우리를 딸처럼 대하며 오래 있다 가라 했다. 외로우셨던 게지.

시름을 다 잊고 마음 편히 하루를 지낸 다음 날, 할머니와 아쉬운 작별을 했다. 구천동 계곡을 둘러 산속 숯가마탕에서 찜질도 하고 숯불에 고기도 구워 먹었다. 마음과 말이 잘 통하는 친구들이라 사흘이 순간으로 지나갔고 며칠만 더 있었으면 하는 아쉬움이 남았다.

이 산을 내려가면 핸드폰이 기계음을 내며 도시와 나를 다시 연결해 줄 것이다. 며칠이나마 도시의 소음이 단절된 곳에서 휴식하니 재충전되는 기분이었다. 무주구천동은 신선이 장기라도 두고 앉아 도낏자루 썩는 줄 몰랐다던 그곳인지도 모른다. 그리움도 유혹도 다 묻어두고 구 씨와 천 씨가 많이 살았다는 구천동을 떠나왔다.

당신의 별자리로

잠시 다니러 온 지구 여행을 마치고
다시 제자리로 돌아가기 위해
멋있게 작별할 줄 알았던
어린왕자의 그 순결한 영혼과
책임성 있는 결단력을 사랑합니다.

사라져도 슬프지 않은
별이 되기 위해서
우리는 오늘 이 순간을 놓치지 말고
사랑으로 길들이며
사랑 속에 살아야겠지요.

- 이해인 〈어린왕자를 위하여〉 전문

이별은 면역성이 없나 보다. 수십 년을 살아오면서 수도 없이 많은 이별을 했을 텐데 이별은 늘 새롭게 아프다.

유난히 햇살 좋은 가을, 두 분과 이별했다. 기약할 수 없는 만남, 옅은 가능성은 묻어두고 영원한 이별인 듯했다. 칠순 넘은 노신부님과 이제 스물 몇 살이 된 신부님. 한 분은 정년으로 또 한 분은 새로운 출발로 우리에게서 떠나게 된 그들의 뒷모습은 닮아 있었다.

신부님들은 아마 오실 때부터 떠날 준비를 한다. 이별은 약속처럼 예정되어 있고, 그들은 더욱 최선을 다한다. 수련기를 거쳐 사제가 되어 갓 부임해 오신 신부님은 연둣빛 잎을 막 피워 올리는 한 그루 신실한 나무 같았다. 걷거나 미소 지을 때마다 그에게서는 연둣빛이 머물렀다. 맑은 얼굴에 순한 미소가 마치 소행성에서 떨어진 어린왕자 같았다. 어린왕자가 여러 별을 돌며 자아와 사랑을 찾은 것처럼 그도 세상이라는 사막에 순수한 모습으로 찾아오셨다.

신부복을 처음 입을 때 어린 신부님은 아들을 바라보며 눈물 흘리는 어머니를 보았다. 세상에서 태어나 처음으로 슬프게 울었다고 한다. 신부님을 바라보던 어머니는 사제가 되는 아들을 어떤 마음으로 지켜보았을까. 십자가에 못 박히는 아들을 바라볼 수밖에 없었던 성모마리아와 같았으리라.

어머니가 흘리는 눈물은 한 어미의 아들을 떠나보내고 만인의 사제를 맞이하는 의식이었을 것이다. 신부님은 내내 어머니의 눈물을 잊지 않는다고 한다. 신부님은 어머니를 대하듯 노인들의 친구가 되어주고 따스함을 전하는 신부님 손은 더없이 아름답다. 나는 때때로 어머니 마음이 되어 신부님을 바라본다. 갈 길이 멀다는 걸 아니 바라볼수록 내 자식을 보는 듯 애틋하다.

칠순의 신부님은 젊은 신부의 그런 시절을 다 지나왔다. 북한에서 혈혈단신 내려와 사제의 길을 걸으며 고향과 가족이 얼마나 그리웠을까. 사제복 속에 싸인 앙상한 신부님는 가톨릭대학교에서 대학원장을 지낸 사제들의 스승이자 유학파로 시대를 이끈 분이다. 강단을 떠나 다시 사제의 길을 가면서 나이가 들었다.

어느 날부터 노신부님은 말수가 더 적어졌다. 미사 때도 힘들게 말을 이어 가시곤 했다. 강단에서 쏟아 놓았던 학문의 내용을 쉬운 말로 전해주셨으나 사람들은 길고 일반적인 강론을 조금 지루해했다. 반면에 위트 넘치는 어린 신부님의 강론은 아주 현실감 있게 우리를 깨우쳐주었다.

이제는 노신부님의 강론을 들을 수 없다. 그가 남기는 마지막 강론은 슬픔과 죄책감을 동반해 회한에 잠기게 했다. 노신부님의 말씀 한마디 한마디는 눈물이었다. 그는 얼마 전부터 매일 산에 올랐다. 어린왕자가 자기가 왔던 자리를 찾기 위해 어느 행성의 사막을 돌아다니던 것처럼 그가 돌아가야 할 자리를 찾고 있었는지도 모르겠다. 분단된 땅에 있는 고향은 가볼 수도 없고, 지금 그는 누가 가장 그리울까. 지난 43년간의 성직자 생활을 돌아보며 어떤 생각에 잠길까.

이별사를 받은 신부님은 지나온 세월에 만족한다고 했다. 살아온 지난 세월이 아름다웠다고, 그리고 '떠날 때는 말 없이'라는 유행가 가사를 인사 대신으로 남기며 강단에서 내려갔다. 잠시 그의 어깨 위로 사십삼 년의 햇살이 무수한 천사가 되어 무리 지어 쏟아지는 것 같았다.

신부님은 자리를 찾은 것 같다. 원래 있던 곳, 당신의 별자리로 돌아가려는 것이다. 어린 신부님은 자신도 노신부님 같은 성직자가 되게 해 달라고 기도하며 아름다운 고행의 길을 따랐다. 이렇게 우리는 길들어지지 않은 이별을 맞이했다.

곧 오늘의 이별은 잊을 것이다. 장미에게 물을 주고 바람막이를 해주어 길들이려고 했던 어린왕자처럼 또다시 새로운 만남에 길들 것이다. 그러다 문득 맑은 미소를 가진 사람을 보면 어린왕자를 가끔 떠올릴 것이다. 그들의 소식을 궁금해하며 행복하기를 기도할 것이다.

우리의 이별은 모두 약속된 것이었다는 생각이 든다. 예정된 이별을 조금은 더 빨리, 조금은 더 늦게 할 뿐, 우리는 모두 이별을 예감하며 하루하루 살아간다. 어쩌면 내 별자리도 이미 하늘에 정해져 있는지도 모른다. 내가 왔던 그 자리에서 나를 기다리고 있을 것이다. 밤하늘을 보며 별자리 하나를 찾아보아야겠다.

도깨비불

잿빛 하늘에 먹구름이 빠르게 밀려다닌다. 곧이어 비를 흩뿌린다. 가을의 중간쯤에 오는 비라 그런지 겨울비처럼 차갑다. 읍에서 차를 탔을 때는 조금씩 흩뿌리더니, 몇 정거장을 지나자 차창을 두드리며 점점 더 세차게 내린다. 아침에 어머니가 풀 먹여 다려준 옷과 곱게 빗은 머리카락이 젖어 헝클어질까 봐 슬슬 짜증이 난다.

어제 산 새 운동화도 진흙탕에 푹푹 빠질 건데, 생각하니 속이 상한다. 뽀얀 차창에다 "비, 비, 비" 하고 손가락으로 부욱부욱 그어 놓고 빗물처럼 흐르는 글자를 흘겨보며 차에서 내린다.

정거장 옆 친척 집에 들어가 종이우산 하나를 빌린다. 질퍽거리는 빗길을 십 리나 걸어 집에 갈 생각에 아뜩하다. 나는 종이우산이라도 들었지. 기름을 먹인 누런 종이에 대나무 살을 붙여 만든 종이우산이지만 그런 우산 하나도 못 쓰고 빗속을 뛰어가는 사람들도 많이 보인다.

종이우산도 귀한 시절이었다.

비바람에 젖어 드는 머리카락과 진흙탕에서 힘겹게 빠져나오는 운동화의 질퍽한 무게를 느끼며 집으로 가는 오솔길로 들어섰다. 오후 네 시가 조금 넘은 시간, 오솔길은 어둑한 그림자를 깔고 빗소리의 웅장한 교향곡을 들으며 침묵했다. 그렇게 앞서가는 몇 사람을 보내며 길을 재촉하는데 뒤에서 두런두런 말소리가 들려왔다.

서울말이었다. 빗소리만큼이나 낭랑하게 구르는 게 투박한 우리네 마을 말이 아니었다. 걸음을 일부러 늦추고 그들이 나를 앞질러 가기를 기다렸다. 보기 드문 까만 우산을 들고 이야기를 나누며 걷는 목소리의 주인공은 아버지와 딸이었다. 괜스레 다시 걸음을 빨리했다. 그들의 우산과 떨어져 용감하게 시골 아이의 걸음을 걸었다.

심술궂은 바람이 등 뒤의 서울 사람 보란 듯이 종이우산을 찢어 놓았다. 머리만이라도 가려지게 펴보려 했지만 내 손놀

림이 더해지자 찢어진 구멍이 더 커져 아예 쓰지도 못하게 되었다. 한심한 내 모습을 한참 지켜보았는지 말소리도 빗소리도 멈추었다. 그들이 내 곁에 다가왔다. 젖은 머리카락을 타고 흘러내리는 빗물을 안됐다는 듯 쳐다보았다.

"학생, 어떡해? 우산이 못쓰게 됐으니… 어디까지 가지? 우리 우산 같이 쓰고 가. 우리 아이는 비옷도 입고 또 우산도 이렇게 크니 셋이서 쓰고 가도 돼."

난 그때 진흙 속에 반쯤 빠진 운동화 같은 기분이 되었다. 우산을 발밑에 내팽개치고 뛰어가고 싶었다. 십 리 거리는 너무도 멀었고 가을비는 차가웠다.

황포라는 마을에 가는 길이라고 했다. 우리 마을에서도 한참을 더 가고 가파른 고갯길을 넘어야 하는 동네다. 어쩔 수 없이 그들의 까만 우산속으로 들어갔다. 아저씨는 가운데서 우리를 공평하게 씌워 주시긴커녕 딸은 비옷을 입어서 괜찮다며 내 쪽으로 우산을 많이 기울여 주었다.

내 또래의 단발머리 소녀였다. 유난히 피부가 희고 예쁘장한 그 아이는 연하늘색 비옷을 입고 빨간 장화를 신고 있었다. 예쁜 얼굴보다 그 아이가 신고 있던 빨간 장화가 나를 초라하게 만들었다. 신데렐라의 유리구두도 빨간 장화보다는 못할 것 같았다. 서울에서 배우는 피아노보다, 서울에 비가 많이 와서 비옷을 입고 왔더니 여기서도 비가 온다는 투정인지 자랑인지 모를 말보다, 까만 우산 속의 빨간 장화가 날 촌스럽고 투박한 시골아이로 마구 내동댕이치는 기분이었다.

그 아이는 장화가 고무라서 빗길에 걸음이 더 어렵다고, 다음에 시골 올 때는 비가 와도 장화는 안 신을 거라고 투덜댔다. 빗줄기가 굵어지더니 시골길에 또렷이 찍힌 장화 발자국을 후둑후둑 지워버렸다. 내 가슴속에 빨간 장화 한 켤레를 각인시키면서 말이다.

그사이에도 아저씨는 또 이런저런 이야기를 하셨다. 그 아이는 할머니가 아픈 것을 걱정하는 아버지에게 "시골에 오기 싫으니까 할머니를 서울 병원에 입원시키면 될 텐데…"라며 아버지의 답을 기다렸다. 자꾸 내 쪽으로 우산을 씌워서 한쪽 어깨와 소매가 비로 젖은 아저씨는 투정하는 딸이 그래도 예쁜지 이보다 더 멀고 험한 길을 우산도 신발도 없이 걸어 다녔노라고 지난 이야기를 들려주며 마냥 웃었다. 옛날에는 도깨비가 많이 나왔다는 고개를 넘어야 할머니 집이라고 한술 더 떠서 딸을 놀렸다.

어느새 우산속의 동행인과 헤어져야 하는 내 눈에 마을이 비에 젖은 채 보였다. 마을에 다 와서 어쭙잖게 인사를 건네는 내게 "아버지를 꼭 닮았다" 하셨다. 아버지와 오빠를 잘 안다며 안부 전해달라며 딸의 어깨에 한 손을 얹었다. 나 때문에 손이 다 젖어 있었다.

빨간 장화는 "잘 가" 하며 눈웃음을 웃었다. 운동화는 수줍은 미소로 꾸벅 인사를 하고는 마을로 접어드는 길을 찰팍찰팍 뛰어갔다. 조금 뛰어가다가 뒤돌아보니 빨간 장화와 아저씨는 도깨비가 나왔다는 고갯길로 접어들고 있었다. 순간, 우산 속의 아이가 뒤돌아보며 손을 흔들었다. 얼떨결에 손도 못 흔들어주고 가만히 서서, 멀어지는 아이의 빨간 장화로 눈을 떨구었다. 빗속에 들리지도 않을 목소리로 인사를 보냈다.

"야, 빨간 장화야, 요즘은 도깨비는 없어. 겁내지 말고 잘 가라."

순간, 반짝반짝! 번쩍번쩍!

빨간 장화가 도깨비불이 장난치는 것처럼 보였다.

그 밤 내내 가을비가 추적추적 내렸다.

목화솜 이불

늦은 오후의 나른함에 빠져든다. 갑자기 바윗덩이가 굴러떨어지는 소리가 난다. 어디선가 굴착기로 도로를 파내거나 뭐가 부서져도 단단히 부서지고 있는 게 분명하다. 창문을 열어 오후의 행복감을 깨트리고 신경을 날카롭게 만든 소리의 근원지를 찾으려고 고개를 내밀어 본다. 창밖 세상은 이상하다 싶을 정도로 조용하기만 하다. 꿈이라고 하기에는 너무도 생생한 소리인지라 밖에 나가 볼 심산으로 방문을 열고 거실로 나간다.

이게 어찌 된 일인가. 소리의 범인은 집 밖이 아니라 집 안에 있다. 거실에 작은 붙박이장을 만들어 오래된 물건들을 넣어 두었는데 어찌 된 일인지 안에 있던 것들이 다 쏟아져 나왔다. 낭패다. 우르르 쏟아져 내린 것들을 어찌해야 할지 막막하다. 차마 버리지 못하고 두었던 이십 년 된 쇠다리미가 그리도 시끄러운 소리를 낸 듯하다. 아무리 찾아도 없던 반짇고리며 오래전 친구가 여행 갔다가 사 온, 조개를 붙여서 만든 꽃병이며 명절날 아이들이 모이면 놀이 삼아 했던 바둑알과 장기알이 여기저기 흩어져 난장판이다.

얼마나 숨이 막혔으면 이랬을까. 버릴 줄 모른다고 잔소리를 들으면서도 꾸역꾸역 밀어 넣어 둔 것이 와그르르 쏟아져 나온 것이다. 결혼할 때 해 온 목화솜 넣은 이불이며 두꺼운 겨울 외투가 나보다 더 민망한 모양새로 거실 바닥에 널브러졌다. 어떻게든 치워야 할 텐데, 주저앉아 그저 이것저것 만지고만 있다.

예민해졌던 내 신경이 오히려 차분히 가라앉는다. 나는 이렇게 무엇이든지 버리지 못하는 습관이 있다. 집 안 곳곳에 내 지나온 시간을 가두어 두어야만 안심이 된다. 이것은 이런 추억 때문에 저것은 저런 추억 때문에 버리지 못한다. 사람들은 대개 좋은 것만 기억하려 한다. 고통스러운 기억을 잊으려고 해서 어린 시절의 일을 전혀 기억하지 못하는 사람들도 있다고 한다. 아픈 기억도 소중하다는 걸 깨닫는 데에도 시간이 걸린다.

한 시간이 지나도록 퍼질러있다. 물건 하나하나에 얽힌 추억을 떠올린다. 두꺼운 목화솜 이불만 해도 그렇다. 결혼한 지 수십 년이 지나 낡아서 덮지도 못하는데 버려야지 하다가도 차마 버리지 못하고 둔다. 이불에서는 좀약 냄새가 난다. 분홍 꽃 모양 플라스틱 통에 담긴 하얀 좀약은 아직도 다 녹지 않고 남아 있다. 마치 우리 부부의 못다 한 추억을 잡아두는 묘약처럼. 그러고 보니 붙박이장은 나만이 간직한 추억의 비밀 상자이기도 하다.

내가 결혼할 때 어머니는 돌아가시고 안 계셨다. 아버지 혼자 딸을 시집보내면서 밤잠을 못 이루고 마당에 서 계시곤 했다. 밤바다에 뜬 달을 쳐다보는 뒷모습이 어찌나 슬프던지 숨어서 보는 내 마음이 찢어질 듯했다. 퇴직하신 아버지가 어장 일을 챙기며 소일하실 때였다.

솜씨 좋은 큰어머니가 한복을 짓고 새댁 티를 채 벗지 못한 올케와 사촌 언니들이 이불을 만들기 시작했다. 큰어머니까지 합세해 바느질하고 있노라면 아버지는 체면도 생각지 않고 방에 들어서서는 바느질을 꼼꼼히 하라며 이것저것 간섭했다. 올케는 어른이 안 하시던 일을 하신다고 의아해하며 웃곤 했다. 목화솜은 그 시절에도 귀한 것이었다. 사계절 이불을 혼수로 다 해서 가려면 침방 가득 이불이 쌓였다. 이불이 하나둘 완성되어 가는 동안 아버지가 마당에 서 계시는 시간이 늘어갔다.

풍류라면 저리 가라 할 정도인 사촌 오빠가 자발적으로 이불 지는 아비가 되었다. 동네 사람들은 신랑 집에 오늘 재미있는 구경거리가 생겼다고 자기 일처럼 기뻐했다. 혼례식에서 이미 거나하게 취기가 오른 오빠는 소리꾼이었다. 막걸리라도 한잔 마시면 구성지게 뽑아내는 육자배기 가락에 온 동네 사람들이 흥을 올렸다.

시댁까지는 제법 먼 버스로 한 시간 정도 가는 길이었다. 버스에서 내려서도 산길로 오르다 보면 산 중턱쯤에 있는 마을은 친정 마을과는 분위기가 달랐다. 햇살조차 낯설었다. 마을로 들어서자, 사람들이 색시 얼굴 한번 보자며 시끌벅적 웅성거리는 소리가 들렸다.

신랑이 먼저 집에 들어서고 집안 어른들이 나왔다. 흥정이 시작되었다. 집으로 가려면 작은 골목길을 들어서야 했다. 오빠는 목이 말라 못가겠다고 땅바닥에 주저앉아 버렸다. 급기야 올 것이 왔다고 생각한 시집 식구들은 술 한 상을 내왔다. 이불 짐은 내려놓지도 않고 등에 진 채 앉아서 술상을 받았다. 어지간히 시간을 끌 심산이었다. 같이 따라간 오빠들이 눈치를 주며 빨리 들어가라고 했지만 이불 진 아비는 자기가 알아서 할 테니 걱정 말라는 눈짓을 보냈다.

"보소, 이렇게 소홀히 대접하면 안 되지. 이 이불속에서 대통령이 나올지 장관이 나올지 뭐가 나올지 알끼요?"

오빠는 흥이 올라 소리 한 자락을 뽑기 시작했다. 시숙이 나오더니 노란 봉투를 건넸다. 사람들은 왁자하게 웃으며 어서 들어가라고 너스레를 떨었다. 그렇게 몇 번이나 실랑이가 오가고 난 다음에야 청실홍실 늘여 뜨려 묶은 이불을 대청마루에 턱 내려놓았다. 소란도 찰나처럼 흐르고 밤이 되었다. 우리 부부는 그렇게 첫날밤을 맞았다.

비단 이불이 펴진 넓이만큼 그리운 것들이 스친다. 아버지, 어머니, 내 고향 마을의 사소한 풍경들까지도 생각하면 목구멍이 아린다.

목화솜 이불은 아버지의 애잔한 사랑이 담긴 보물이다. 홀로 밤바다를 바라보며 애써 슬픔을 지우려 하신 아버지 등에 눈물이 고스란히 담겼다. 내 인생 최고의 빛을 내는 보물을 몇십 년이 속절없이 흘렀다고 어찌 내다 버릴 수 있을까.

쏟아져 나온 것들을 하나하나 붙박이장에 다시 넣기 시작한다. 바둑알 한 개까지 남기지 않고 다 넣고 나니 문이 닫히질 않는다. 이불을 온몸으로 밀어 넣은 다음에야 겨우 문이 닫힌다. 내 가슴 속 그리움의 문은 영영 닫히지 않고 어디선가 불어든 바람이 문짝을 덜컹덜컹 두드리고 지나간다.

반가운 손님

까치는 오래전부터 길조로 여겼다. 날개가 짧고 둥글게 생겨서 먼 거리를 날 수 없는 새, 까치는 도시의 정원이나 농촌의 평지를 날아다니며 사람들과 친숙하게 지낸다. 냄새를 잘 맡아 마을의 익숙해진 냄새가 아닌 낯선 냄새가 나면 어김없이 '깍 깍 깍' 알린다.

오늘도 유난스럽게 까치가 운다. 손님이라도 오려는지 앙상한 겨울 감나무 가지에 앉아 떠날 줄을 모른다. 어린 시절 우리는 아름드리 감나무에서 감을 다 따지 않고 까치밥을 남겼다. 까치와 사람이 서로의 환경에 순하게 길들어져 사는 세상이었다.

"삼촌이 재미있는 이야기 하나 해 줄까? 저 감나무에 앉아 우는 까치가 높은 데에 둥지를 틀면 그 해는 태풍이 없고 까치란 놈이 낮은 곳에 둥지를 트는 해에는 유난히 큰 태풍이 온다고 한다. 올해는 태풍이 오겠네. 까치가 낮은 곳이 둥지를 틀었으니…."

부산 사는 삼촌의 목소리다. 새벽 일찍 길을 나서며 바다가 만들어내는 안개 속으로 손을 흔들어주던 삼촌. 까치가 울면 떠오르는 반가운 얼굴 그 기억 속에 언제나 삼촌이 있다.

버스도 전화도 없던 섬마을에 유난히 까치가 많았다. 마을 어귀에 접어들면 정자나무에 앉은 까치가 사람을 반긴다. 하루에 한 번 오는 '영복호'를 타고 그리움에 지치면 오시곤 했던 '부산 삼촌'. 삼촌이 오는 날은 유난히 까치가 바쁘다.

"손님이 오실라나. 어지간히 깍깍거리네."

어머니도 아셨을 것이다. 지금쯤 삼촌이 오실 때가 되었다는 것을. 예감이란 게 있는지 까치가 유난을 떨면 나는 일찍 일어나 머리를 빗고 예쁜 옷으로 갈아입고 하루를 길게 기다린다. 기다림의 시간은 기약도 없어 지루하기가 말할 수 없을 정도다. 가끔 기다림은 기대를 벗어나지만, 마당에 앉은 까치가 떠날 줄 모르고 울면 정말 삼촌이 오셨다.

"아이고, 삼촌 오십니까?"

낯선 발자국이 가까워지고 어머니의 반가운 인사가 들리면 나는 조심스럽게 마당으로 내려섰다. 삼촌은 함박웃음으로 내 얼굴을 바라보며 한 보따리나 되는 선물을 내밀었다. 섬마을에서 구경도 못 하는 과자와 옷이 대부분이었다. 항상 새로운 걸 사 들고 오시는 삼촌은 동화 속 과자의 집 주인공인 것 같았다.

부산 삼촌은 아버지와 사촌지간이지만 친동기간 이상으로 지내셨다. 삼촌은 최신형 양복에다 중절모를 쓰고 다녔다. 겨울이면 모피코트에 까만 가죽 장갑을 끼고 나타났다. 처음에는 낯설어 다가서기 힘들었지만 헤어진 가족을 떠올리며 "꼭 너만 하게 컸겠다"시며 큰 눈이 불그레해지는 삼촌이 슬퍼 보였다. 그래서인지 선물 때문인지 어리광을 많이 피운 것 같다. 버릇없다고 나무라는 어머니의 꾸중도 삼촌의 웃음으로 무사통과였다. 삼촌은 나를 자주 업고 옛날이야기며 까치 이야기를 해주었다.

삼촌은 원래 만주에 살았다. 고향으로 오다가 기차를 잘못 타면서 가족과 헤어지게 되었다고 한다. 아버지와 이야기를 나누는 중에 지금이라도 혹시 하고 역에 나가기를 밥 먹듯이 한다는 말에 어머니가 뒤돌아서 눈물을 보였다. 아버지도 괜히 운다고 타박을 하고 눈물을 닦았다. 그러자 삼촌이 참았던 눈물을 터트렸다. 어깨를 들썩이며 서럽게 우는 남자를 그때 두 번째로 보았다.

어린 나는 우리 집 까치가 삼촌 집에 가서 오래오래 울어주면 삼촌이 가족들을 만날 수 있을 거라고 생각했다. 하루는 가족을 찾으려고 나간 역에서 껌을 팔던 조카를 만났다. 두 사람은 서로 의지하며 살았고, 조카도 공부를 잘해서 장학생으로 공부해 계리사(현, 공인회계사)가 되었다. 삼촌은 내가 크도록까지 까치가 부르는 손님이 되어 우리 집에 오셨다.

끝내 가족들 소식을 못 듣고 삼촌이 세상을 뜨신 후에도 까치가 울면 습관처럼 삼촌을 기다렸다. 올해는 까치가 둥지를 낮은 곳에 틀었는지 높은 곳에 틀었는지 살펴보는 버릇도 생겼다. 혼자서 날씨를 점치며 친구들에게 올해는 태풍이 올 것이라고 말하면 그 해는 유난히 태풍이 잦았다. 요즘은 까치가 날씨를 전하지 못한다. 오히려 농촌에서는 수확을 앞둔 농작물을 망치는 못된 새로 취급받는다.

좋은 추억은 반가운 손님처럼 무료한 일상에 지친 사람을 기쁘게 만든다. 도심의 이 집에 이사 오며 저렇게 아침마다 나무에 내려앉아 좋은 소식을 전해줄 까치 소리를 들을 수 없을 것 같았다. 까치를 새장에 가두어 키울 수도 없으니 뾰족한 수가 없었다. 가족들과 오래 정든 집을 떠나며 추억만 이삿짐에 싸서 왔다. 이제 까치를 보면 두 개의 추억을 떠올릴 수 있겠지.

‘깍 깍 깍’

아침에 까치가 와서 울면 반가운 손님이 오신다지

나룻배도 반가운 손님을 기다리고…

제목도 더 이상의 내용도 기억이 잘나지 않지만 어릴 때 줄곧 외우던 시다.

푸드덕, 까치 두 마리가 어느새 내 가슴에 날아 앉는다.

깍 깍 깍…

반가운 손님이 오고 있어요.

여물어가는 들녘처럼

초가을이지만 햇살이 제법 여름 흉내를 낸다. 차창을 열어놓은 채 오랜만에 맡아보는 풀냄새에 취한다. 뜨겁게 내리쬐는 햇살 아래 코스모스 한들거리고 수수만년 기다려온 사랑을 위해 해바라기가 하늘을 우러러 섰다. 시시각각 다른 바람이 불 때마다 들녘은 여름에서 가을로 채색된다. 아직은 이른 가을이라 울창한 숲은 진초록의 물감을 쏟아 놓은 나무들의 작은 흔들거림으로 우리를 스치고 있다.

아직은 푸른빛이 더 많은 벼가 따가운 햇빛을 받고 있다. 챙 넓은 모자를 쓰고 피를 뽑아내고 있는 아주머니들이 간간이 보인다.

"저 넓은 들에 쟁피 훑는 저 아지매, 간데 쪽쪽 쟁피로다."

두 눈 지그시 감고 시조 읊조리듯 읊어본다. 뜻밖의 타령에 친구들이 다시 한번 읊어보라며 난리다. 난 이제쯤 풍경에도 싫증이 난 친구들에게 어머니가 내게 하셨듯이 이야기보따리를 풀어 놓는다.

옛날 어느 산골에 가난한 선비가 살고 있었단다. 선비는 몇 번이나 낙방했으면서도 오로지 과거 공부밖에 몰랐다. 아내가 시집오자마자 끼니부터 걱정하는 형편에 놓였고 아이도 생기지 않았다. 선비의 아내는 몇 년 동안 날품을 팔고 남의 집 부엌일까지 하며 남편 뒷바라지를 했다. 전답도 하나 없는 형편이라 일이 없으면 들에 나가 남의 논에서 피를 훑어 쪄서 끼니를 때웠다.

그날도 많은 피를 훑어 멍석에 널어놓고 또 피를 훑으러 나갔다. 말짱하던 하늘에서 소나기가 퍼붓기 시작했다. 조금 지나면 그치리라 생각하며 계속 피를 훑었다. 빗줄기가 점점 거세어졌다. 비를 흠뻑 맞은 채 피를 머리에 이고 집으로 왔다. 아침에 멍석에 널어놓은 찐 피가 비에 젖어 빗물이 흐르는 데로 떠내려가고 있었다. 기가 막히고 억울해서 울지도 못하고 서 있었다. 골방 안의 남편은 공부에 몰두해 비가 오는지도 모르는 눈치였다. 수치를 참아가며 아내가 훑어서 쪄 놓은 피가 물에 잠기는지 안중에도 없고 오로지 글만 읽고 있었다. 비에 젖은 아내를 보고도 미안해하기는커녕, 고개 한번 돌리지 않았다. 아내는 그길로 뒤도 돌아보지 않고 어디론지 떠나버렸다지.

친구가 한숨을 쉬며 선비를 욕했다. 요즘에는 바깥으로 나돌고 가정을 돌보지 않는 아내에게 이혼소송을 거는 남편들이 늘어가고 있다는 말을 덧붙였다. 평생 살아봐도 고생 끝에 낙이 오기는커녕 자기 속에 갇힌 남편과의 끝이 보이지 않는 절망감에 아낙은 빗속을 뛰쳐나가지 않았을까. 계속하라는 친구들의 성화에 이야기의 뒤를 이었다.

그렇게 아낙이 집을 나가고 몇 년이 흘렀다. 선비가 장원급제하고 금의환향하는 길이었다. 지나오는 들녘에서 피를 훑는 여인의 모습이 지난날의 아내인 것 같아 말을 멈추게 했다. 선비는 이 순간에 그 여인을 만나게 된 건 그동안 맺힌 한을 풀라는 하늘의 도움이라고 생각했다. 아낙의 얼굴을 보고는 큰 소리로 읊었다. "저 넓은 들에 쟁피 훑는 저 아지매, 간데 쪽쪽 쟁피로다." 얼마나 많은 시간을 이 순간을 위해 피눈물 나게 노력했을까.

귀익은 음성과 웅성거리는 소리에 놀라서 고개를 들어보

니, 화관을 쓴 옛 남편이었다. 여인은 엎드려 통곡하며 용서를 빌고 "데리고 가서 종으로 써도 좋으니 같이 가게만 해주십시오" 하며 사정했다. 선비는 냉정하게도, 신을 벗어 거꾸로 신고 말 뒤에 매달려 오라고 했다. 아낙은 따라가다 몇 발자국도 못가서 쓰러져 죽었다. 선비가 아낙의 시신을 거두었는지는 모르겠다. 아낙은 죽어 남편의 금의환향 길을 보려고 높은 나뭇가지에 올라갔다. 매미가 된 아내는 듣는 이의 가슴이 서늘하도록 슬피 운다고 한다.

모두 두 눈에 분노가 서린 채 한동안 침묵했다. 평생을 피만 훑으며 살아야 했던 여인의 운명이 남자의 복수 어린 마음으로 잔혹하게 끝났으니.

신발을 거꾸로 신는다는 것은 배신, 곧 돌아선다는 것을 말한다. 신발을 거꾸로 신고 말에 매달려 따라오라는 말은 여인이 비 오는 날 홀연히 나가 버린 행동보다 더 잔인해 보인다. 결과적으로 아내가 남편을 버렸고 남편도 집 나간 여자를 다시는 받아들일 수 없다는 남성 중심의 정당한 행동이었다고 치자. 이렇게 모든 이야기가 과정보다 결과로만 해석되니 구구절절한 삶의 속내가 비참할 정도로 서글프다.

어머니는 내게 이런 이야기를 들려주며 어떤 일이 있어도 참고 견디는 일부종사를 가르치려 하셨을까. 아니, 수정돼야 하는 이야기 한 편을 내게 심어주려고 하신 것 같다. 친구가 이야기했듯이 요즘 젊은 아내들은 자기 일과 자기 시간을 더 소중하게 여긴다. 가정일 때문에 자기 일이 손해 보는 짓은 안 하려고 한다. 남편은 현모양처로 남을 만한 국보급 아내를 원한다. 서로 어긋나게 마련이다. 이제는 이혼소송을 걸어 투쟁하려는 사람이 많다. 가정을 지키기 위해서가 아니라 버리기 위해 서로 다른 요구사항만 내세운다.

아내가 끝까지 참았으면 남편 덕택에 호강하며 고생의 끝을 볼 수 있었을지도 모른다. 어려운 일을 당했을 때 피해 달아날 것이 아니라 스스로 이겨내는 것이 중요하다. 모든 일을 멀리 넓게 내다보고 침착하게 인내하면서 사소한 감정으로 중요한 것을 잃지 않는 지혜가 필요하다. 어머니도 내게 그것을 가르치려 했을 것이다.

매미가 슬피 울면 피 흘던 여인을 생각하며 눈물이 나기도 했다. 나는 절대로 그러지 않겠다고 결심하면서 어린 시절을 보냈다. 그뿐 아니라 어머니는 언제나 그렇게 재미있는 얘기로 여자가 지켜야 할 길을 가르쳐 주셨다. 여자는 무조건 참고 살아야 하며 시집을 가면 그 가문에 뼈를 묻어야 한다며, 남자는 하늘이고 여자는 땅이라는 마음 자세로 살아야 한다고 말씀하셨다. 그런 말을 들을 때면 속이 상해 왜 나를 여자로 태어나게 했냐고 원망도 많이 했다. 나는 어머니의 가르침대로 살려고 노력했고 그 가르침은 오래 글을 쓰는 데도 도움이 되었다.

가을 들판을 보는 친구들의 눈이 착잡해 보인다. 무섭게 번진 이기주의가 사회를 멍들게 하지만 이 이야기를 교훈 삼으면 좋겠다. 서로에게 특히 남편과 아내는 조금 더 관심을 가지고 믿어주고 상대를 이해하려는 마음이 필요하다. 가을이 시작되는 들녘이 여물어가듯 우리의 사랑도 깊이를 더해가길 바란다.

왕소금

동네에서 유명한 여자였다. 집이 몇 채나 되고 재산이 많다고 소문났다. 하지만 돈을 쓸 줄은 몰라 욕을 먹을 정도의 구두쇠였으니 우리는 그 여자를 '왕소금'으로 불렀다.

세든 새댁이 시골 시집에서 농사지어 보내온 김치를 밖에 버렸다가 창피를 당하며 혼난 적이 있다. 새댁이 며칠을 방치하다 내다 버린 것이다. 그걸 본 왕소금은 버려진 김치를 들고 새댁을 찾아갔다. 마침 저녁밥을 먹고 있던 참이라 남편과 아이들도 있었다. 왕소금은 새댁에게 자식들이 보고 있는데 부모가 보낸 것을 이렇게 갖다 버리면 나중에 자식에게 똑같이 돌려받을 거라며 혼쭐을 냈다. 민망해하는 새댁의 남편을 보며 어머니의 피땀이니 하나도 버리지 말고 먹으라 했다. 혼자 먹기에 많으면 이웃과 나누어 먹으라고 일침을 놓았다.

그 사건을 두고 이웃 사람들은 새댁이 자주 그러더니 잘됐다 하는 이들과 남의 일에 간섭이 지나치다는 이들로 나뉘어 한동안 이야깃거리가 되었다. 그 이후로 새댁은 왕소금을 피해 다녔다.

칠순이 되던 해, 잔치에 온 놀라운 손님들이 아니었더라면 우린 모두 왕소금을 죽을 때까지 괴팍한 사람으로 여겼을 것이다.

왕소금은 남해 가난한 집안의 맏딸이었다. 열두어 살에 한 입 덜기 위해 부잣집에 부엌일 하는 아이로 보내졌다. 일 년 내내 일을 하면 품값으로 집으로 쌀 몇 가마니가 보내졌다. 일이 고되기는 했지만 풍족하게 먹을 수 있고 자기가 일을 하면 가족들 또한 배를 곯지 않는다는 생각에 열심히 일했다. 딸이 없던 선한 주인 내외는 왕소금을 딸처럼 살갑게 대해 주었다. 열여덟이 되던 해, 철없는 주인집 막내아들과 결혼하게 되었다. 워낙 알뜰하고 열심히 일하는 사람이라 주인 내외도 별 반대 없이 결혼을 승낙했다. 부잣집 막내며느리가 되었지만 사는 형편은 오히려 더 나빠졌다. 며느리가 되고 나서는 친정으로 쌀을 보내지 못하게 된 것이다.

가난한 친정 생각에 자기 입으로 들어가는 밥도 미안한 마음으로 먹었다. 부잣집 막내아들인 남편은 낭비벽이 심했다. 돈을 들고 나가 기생집에서 며칠을 보내기가 일쑤고 노름에 빠져 돈이 떨어지면 집에 들어오곤 했다. 그 사이 큰아들이 생겨 남편은 정신을 좀 차리는가 싶더니 둘째가 생기고 나서는 노름병이 도졌다. 빚으로 조금씩 가세가 기울기 시작해 나중에는 허울 좋은 집만 한 채 덩그러니 남았다. 왕소금은 이제 시집 식구들을 먹이기 위해 밭일을 했고 마을 사람들이 거두고 남은 채소를 주워 와서 연명했다.

시어른들이 일 년 사이 차례로 돌아가셨다. 집을 청산해 빚을 갚고 남은 돈 얼마를 쥐고 떠돌이 생활하는 남편을 찾아 부산으로 왔다. 반 거지가 된 남편은 부끄러워 고향 마을에 돌아가지도 못하고 있었다. 겨우 판자촌에 셋방을 얻어 도시 생활을 시작했다. 남편도 정신이 들었는지 약해진 몸으로 평생 해보지도 않은 노동일을 했다. 그러다 폐병을 얻었고, 만삭인 아내를 도와 집안일을 거들 뿐이었다.

하늘이 도왔는지 마침 부산에 와서 기반을 잡은 친정 동생의 소개로 일본으로 수출하는 공장의 일감을 맡게 되었다. 밤낮으로 잠자는 시간도 없을 정도로 수출용 옷을 뜨개질했다. 그때 고된 일로 시력이 나빠져 지금도 돋보기를 끼지 않으면 아무것도 보이지 않는다. 한겨울에 셋째를 낳고는 한 칠도 지나지 않아 밀린 일을 해야 했다.

수년간 일해 모은 돈으로 작은 장갑공장을 하게 되었다. 기반을 잡고 수입이 늘었다. 하루가 다르게 일이 많아져 직원도 생기고 규모도 크게 늘렸다. 남편도 운전을 배워 일을 거들기 시작했다. 옆도 뒤도 돌아보지 않고 오직 돈 버는 일만 했던 그즈음에 남편은 병이 재발해서 먼저 세상을 떠났다. 왕소금은 아이들이 고등학교에 다니던 때라 더 억척스럽게 일했다. 그렇게 세월이 지나고 잘 자란 큰아들이 결혼하게 되었다.

대대로 풍족하게 살아온 며느리는 사사건건 시어머니와 부딪쳤다. 부잣집이라 풍족하게 누리고 살 줄 알았는데 검소하다 못해 궁색한 씀씀이에 숨이 막혔다. 시장에 가서도 어찌나 짜게 장을 보는지 고개를 들 수 없었다.

대학교육까지 받고 외동딸로 귀하게 자란 며느리는 이혼할 뻔한 이야기를 들려주었다. 어느 날 시어머니가 포대 자루를 들고 집 가까운 새벽시장에 가자고 했다. 장 보러 가나 보다 했는데 시어머니가 포대 자루에 담아 채우는 것은 버려진 배추와 무시래기였다. 이러지도 저러지도 못하고 선 며느리에게 빨리 담지 않고 뭘 하고 있냐고 호통을 치는 바람에 시래기를 담아 시어머니와 같이 들고 왔다. 배추의 푸른 잎을 벗긴 부분과 무를 자른 잎들은 밭에서 갓 따온 것처럼 싱싱했다. 이런 것을 담가 며칠 푹 익히면 진짜 맛있는 김치가 된다는 말에 며느리는 더 이상은 이렇게 못 살겠다고 보따리 챙겨 친정으로 가버렸다.

며칠이 지나도 남편과 시댁에서는 연락이 없었다. 보다 못한 친정어머니가 딸을 앞세워 시댁으로 찾아갔다. 친정어머니는 무조건 잘못했다고 딸 대신 빌었다. 딸을 방에서 내보내고 시어머니와 친정어머니는 한참 이야기를 나누었다. 친정어머니는 딸에게 앞으로 잘하라는 말만 남기고 돌아갔다. 시어머니는 시장에서 주워온 무청으로 담근 김치가 맛있게 익었다며 친정어머니에게 한 통을 싸서 보냈다. 그 후로도 시어머니를 따라 며느리는 자주 새벽시장에 가서 시래기를 주워 왔다. 새벽시장에서는 유명한 고부간이 되었다.

일 년이 지났을까. 왕소금 시어머니는 교수로 미국에 갈 아들 내외를 불러 앉혔다. 통장 두 개를 내밀더니 그동안 밀린 월급이라며 맏며느리 손에 쥐여 주었다. 꽤 큰 금액이 찍혀 있었다. 미국 가서 집안일만 하지 말고 같이 공부를 해보라며 학비라고 했다. 젊은 시절 고생해보지 않으면 인생의 소중함을 모르고 지날 수 있어 그동안 지켜본 거라고, 머리 좋은 딸 책임지고 공부시키겠다고, 먼저 우리 식구 만들려 하니 지켜봐 달라고, 그날 친정어머니와 이 이야기를 나누었다고 하셨다. 며느리는 그날 시어머니 앞에 엎드려 펑펑 울고 말았다.

큰아들 내외가 미국으로 가고 막내아들이 시어머니를 모셨다. 고혈압으로 중풍 증상이 나타나 움직임이 불편했지만 막내며느리에게는 시래기 줍는 일을 시키지 않았다. 많은 재산은 큰아들이 미국으로 떠나기 전 이미 분배가 끝나 시집간 딸에게도 공평하게 재산을 나누어 주셨다.

그렇게 왕소금은 큰아들이 빠진 칠순을 맞았다. 생전 처음으로 동네 사람들을 초청해 잔치를 열었다. 참한 막내며느리가 시어머니와 달리 동네에서 인기가 있어 손님들이 꽤 많이 모였다. 그중에는 자주 치료를 받던 의사도 있었다. 알고 보니 수년간 왕소금에게서 장학금을 받아 공부한 이들이었다. 시장에서 어렵게 장사하는 사람들의 자녀들에게 수십 년간 장학금을 주고 있다는 사실을 막내며느리도 얼마 전에 알았다며 놀라워했다. 시래기를 주워 김치를 담고 시래깃국을 끓여 먹던 시어머니가 일 년에 장학금으로 내놓는 돈은 꽤 컸다. 왕소금의 소중한 장학금을 받아 공부한 이들은 이제 다른 학생들을 도울 수 있을 정도가 되었다며 진심으로 감사의 인사를 전했다.

이들이 가지고 온 선물은 금반지와 한복이었다. 고운 분홍색 한복으로 갈아입고 면류관 같은 금반지를 끼고 환하게 웃는 왕소금은 우리를 부끄럽게 만들었다. 이웃을 돌아보지 않고 일신과 가족의 풍요만을 향한 욕심이 하염없이 초라해졌다.

그날, 왕소금은 본인 이름으로 남은 집을 자기가 죽거든 팔아서 장학금으로 다 나누어주라고 말했다. 돈이 없어 자식들 공부 못 시킬까 봐 전전긍긍하던 시절을 생각하면 아직도 가슴이 아프다고 했다. 큰아들이 있는 미국에 가보고 싶다며 늦게라도 막내며느리에게 영어를 배우고 있다고 자랑했다. 몸이 불편해 바다를 건너다 넘어지지나 않을지 걱정이라고 호탕하게 웃었다.

우리는 음식이 남지 않게 거의 긁어먹다시피 했다. 맛이 있기도 했지만 왕소금의 호통이 몸에 밴 우리들의 얕은 수였다. 평생 강조한 절약 정신이 수십 년간 알게 모르게 우리의 생활에도 깃들었다. 김치를 내다 버리던 새댁도 시어머니가 보내오는 귀한 채소들을 버리지 않게 되었다.

칠순이 살포시 내려앉은 주름진 얼굴이 세월의 훈장을 달았다. 왕소금은 늘 말했다. 가난이 죽기보다 싫었다고 그렇지만 그때 행복하지 않았던 것은 아니라고. 부자가 되어 많이 가지고 보니 남에게 해줄 수 있는 게 많아 좋았다고. 진짜 풍요는 나누어 줄 수 있는 게 많아지는 것이라고 말했다. 진정한 행복은 혼자 호사를 누리는 삶에서 오는 게 아니라 나눌 줄 아는 명품 삶에서 올 것이다.

잔치 이후 왕소금이 변하진 않았는지 궁금하다고요?

그럴 리가요.

왕소금은 끝까지 우리들의 왕언니, 진짜 '왕소금'이었다.

추억의
조각보

낯익어 더욱 슬프다. 알록달록 조각천을 모아 두었다가 이불이나 밥상보를 만든 어머니의 고운 손을 떠올린다. 어머니의 조각천과는 달리 내 가슴에서 기워지지 않고 그리움이 되어버린 땅. 푸른 바다에 고깃배 떠다니고 갈매기가 먹이를 쫓아 힘차게 날갯짓하는 곳. 어찌 아름답고 좋은 추억만 있을까. 좋지 않은 추억조차 가슴 저린 곳이 고향이다.

하얀 눈밭은 지순한 붉은 동백이 뒤덮고 파도치는 바다는 어부들이 지켜내는 그곳이 내 고향이다. 사람들의 추억이 송두리째 물속에 잠기고 절정의 미를 자랑하는 구천댐, 동양의 비경으로 불리는 해금강, 그 강을 흐르는 도도한 섬 무리. 해금강 한가운데 솟은 바위섬 위로 한 그루 천년송이 내 고향 거제를 침묵으로 말해준다.

"그곳이 차마 꿈엔들 잊힐리야."

시구처럼 꿈에도 잊힐 리 없는 곳이 내 고향이다. 언젠가 한 그루 천년송을 바라보며 해금강이 피워낸 거제의 정신이라고 확신했다. 무수한 풍경 속에서 저 멀리 대금산 큰 봉이 아련히 보인다. 거제의 북악, 해발 438미터 대금산 중봉 능선은 계절 꽃 무리가 가슴 설레게 피어난다.

거가대교가 생겨 예전에는 쉬 오갈 수 없었던 뭍, 꿈과 동경의 대상이었던 먼 곳이 지척이 되었다. 이제 고향에 가면 옛 흔적은 별로 남지 않았다. 그저 땅을 비집고 올라오는 낯익은 들풀이나 연분홍 진달래가 온 산을 송두리째 물들이고 바닷바람이 항시 지키고 있다.

삶에 지칠 때마다 설움에 겨워 고향을 찾으면 무언가 모를 안도감에 지친 삶을 추스를 수 있었다. 어머니! 하고 부르면 금세 대답해 주실 것만 같았다. 봄이면 동백꽃 떨어진 자리 옆으로 언 땅을 비집고 쑥이 올라온다. 해풍에 자란 쑥이라 약이 된다고 어머니는 이른 봄 쑥을 뜯어 떡을 해서 가족들에게 먹였다. 우리 집에서는 봄의 시작을 알리는 신호였다. 갯벌에 나가 낙지를 잡고 조개를 캐서 쑥국을 끓이고 살짝 데친 낙지나 문어를 초고추장에 찍어 먹으면 봄이 성큼 보이는 듯

했다.

고향에 가면 먼저 저세상 가버린 이들을 마음의 눈으로 본다. 멀리 푸른 바다가 보이는 마을로 접어들면 낯익은 이들의 정겨운 인사말이 들린다. 오래된 나무에 바람이 일면 나뭇잎이 흔들리며 추억을 불러낸다. 그 나무에 다가가 손을 대면 문 하나가 있고, 그 문을 열어 추억으로 들어가 볼 수 있으면 좋겠다고 생각했다. 바람이 불면 무수한 사연들이 들려 온다.

내 쓸쓸함의 정체는 상실한 것들에 대한 그리움이다. 아무 욕심 없이 무소유의 향기로운 삶을 접하며 평화롭게 살고 싶은 곳, 고향! 아버지가 주고 가신 조그만 고향 땅은 땅이 아니라 추억이다. 내 가족사가 고스란히 묻혀 있는 곳이기도 하다. 뜸부기 울던 무논 위에 겨울엔 썰매 타는 아이들, 하루해가 산등성이로 넘어갈 때면 잔잔한 바다 위에 은빛 달이 은하수처럼 흘러갔다. 지금도 어디선가 내 고향 노랫소리가 은은히 들리며 바다는 나를 품어 주는 것만 같다. 허나, 지금 그곳은 돈으로 환산되며 북적이고 있다.

시름을 달래며 아버지처럼 앉아 바다를 바라본다. 언젠가는 그곳도 다른 이의 고향이 될 것이다. 못내 목구멍까지 치밀어 오는 슬픔이 지난날의 기억들과 겹쳐 덫에 걸리고 눈앞이 자꾸만 흐려진다. 돌아갈 곳이 사라진 것 같은 황망함이 밀려온다. 밤늦도록 불빛 새어드는 들창 가에서 영원을 맹세

하던 친구들. 달을 보며 소원을 빌고 손가락 걸었던, 무수한 약속들이 그립고도 안타까운 봄날의 아지랑이로 피어오른다.

늘 사람들로 북적거리던 고향 집은 마을 사람들의 사랑방이 되어 밤이 새도록 이야기꽃을 피웠다. 마당에는 생선들이 즐비하게 널렸고 열린 대문 사이로 계절이 들어왔다 나갔다. 내 고향은 돌아갈 수 없는 날들의 풍경이다. 돌아갈 수 없기에 더 애틋하다. 고향은 늘 그렇듯 기쁨도 슬픔도 아름다운 추억으로 정화될 수 있는 따뜻한 곳으로 남아 있으면 좋겠다.

돌아갈 수 없는 풍경들로 돌아가 보면 세속에 찌든 나 같은 사람도 순수했던 유년의 기억을 떠올리며 변해버린 자신을 돌아보게 된다. 조각보를 깁듯 추억을 한 땀 한 땀 기우며.

정지용 시 〈향수〉에서

떡비

떡을 아주 좋아한다. 어릴 때도 자다가도 '떡' 소리만 하면 오는 잠을 잊고 떡을 먹을 정도로 유난했다. 하얀 백설기에 김이 모락모락 오르면 눈앞에 아무것도 안 보일 정도로 덤빈다.

서울에 있는 딸네 집에 다니러 갔다가 백화점에 들렀다. 딸은 이것저것 쇼핑하고 엄마가 좋아한다며 떡을 파는 매장으로 이끌었다. 떡의 종류가 그리 많은지 몰랐다. 딸은 몇 가지나 골랐다. 계절 꽃을 고명으로 얹은 떡에서부터 꿀떡, 시루떡, 무지개떡… 체면도 없이 군침이 돌았다. 특히 떡케이크는 그림인 듯 예뻐 보였다. 연한 꽃분홍과 치자 빛으로 물들인 떡으로 한 송이 한 송이 꽃을 빚고 방울을 만들어 켜켜이 올리고 장식을 해두었다. 저걸 아까워서 어떻게 먹을지가 걱정되었다.

딸은 보기에 좋은 순서로 떡을 골랐다. 그런 딸을 제치고 누런 호박을 넣은 호박떡과 가래떡을 납작하게 눌러 만든 절편을 골라 넣었다. 딸은 그 떡이 무슨 맛이 있겠냐고 했다. 네가 떡 맛을 알랴. 계산이 끝나자마자 봉지를 뜯어 한입 넣어 보았다. 쫀득하게 씹히는 맛이 어린 시절 먹던 떡 맛이 비슷하게 났다.

떡은 귀한 음식이었다. 추수 때나 각양 잔치 때나 먹을 수 있었다. '어른 말을 잘 들으면 자다가도 떡이 생긴다'는 말이 있을 정도로 떡은 오랜 옛날부터 사랑받아온 먹을거리다.

잠이 오지 않는 긴긴밤 어머니가 들려주시던 옛날이야기 속에도 떡이 나왔다.

"옛날 어느 마을에 가난하지만 서로 아껴주며 살아가던 가족이 있었단다."

이야기가 시작되면 고요한 시골 밤, 멀리서 개 짖는 소리가 들리고 바람 소리가 사립문을 여닫았다.

"옛날 가난한 어머니는 길쌈을 해주러 이웃 마을에 갔어요. 어린 남매는 엄마를 기다리며 밤을 맞았고 엄마는 길쌈을 해주고 산을 넘어오다가 그만 산에서 무서운 호랑이를 만났어요. 엄마는 길쌈을 해준 값으로 떡을 얻어서 오는 길이었는데 호랑이가 으르릉거리며 '떡 하나 주면 안 잡아먹지' 이랬어요. 산을 다 넘도록 따라다니며 떡을 다 빼앗아 먹은 호랑이는 그만 떡이 다 떨어진 엄마를 잡아먹어 버렸어요."

가끔 깊은 산에 호랑이가 나온다는 소문을 들었다. 무서워서 이불을 뒤집어쓰고 누우면 바람 소리가 더 크게 들렸다. 엄마로 꾸민 호랑이가 남매를 잡아먹으려고 하자 남매가 하나님께 기도해서 동아줄을 타고 하늘로 올라가 오빠는 달님, 동생은 해님이 되었다는 슬픈 이야기를 수도 없이 들으며 잠이 들었다.

보리타작 때가 되면 떡 장사들이 왔다. 떡을 큰 함지박에 이고 논으로 밭으로 팔러 다녔다. 햇살 뜨겁게 받으며 일하던 사람들인지라 참을 먹어도 잠시 돌아서면 배가 고플 때였다. 떡 장사들이 이고 다니던 떡은 비짐떡이라 불렀다. 절구통에 쌀을 찧어서 고운 체에 밭치고 손으로 손바닥만 하게 둥글납작한 모양으로 빚어 시루에 쪄내어 콩고물을 살살 뿌린 떡이다. 김이 다 나가지 않은 떡을 먹으면 입천장에 쩍쩍 달라붙었다. 떡 장사들은 농사가 없는 가난한 사람들이 대부분이었다. 그들은 구전 이야기 속의 어머니처럼 산을 넘어 떡을 팔러 다녔다. 우리 마을에 오던 떡 장사 아줌마는 가끔 참을 갈이 먹었다. 자식들 공부하는 맛에 고단한 줄도 모른다면서 환하게 웃던 아주머니는 다 낡은 고무신을 신고 있었다.

떡을 언제부터 만들어 먹었을까. 삼국시대 유적에 갈판이나 갈돌 시루가 출토된 적이 있다 하니 쌀이며 곡식류를 심으며 같이 시작되었을 것이다. 떡은 오랜 가난 속에서도 이어져 왔다. 여름에 지치면 찰떡을 먹어 체력의 골을 메운다. 신라 자비왕 때 사람인 백결 선생이 가난하여 세모歲暮에 떡을 치지 못하자 거문고로 떡방아 소리를 내어 부인을 위로했다는 감동적인 이야기가 전해 내려온다.

떡은 사람들의 길흉사와도 같이한다. 혼례나, 명절, 회갑 등 수도 없이 많은 기념일에는 떡이 놓인다. 특히 내가 좋아하는 것은 책례이다. 천자문이나 맹자, 논어를 다 공부하고 나면 수고한 스승과 제자들이 학당에 모여 그동안 닦은 학문을 나누며 떡을 나누어 먹었다. 풍류와 여유, 참다운 선비정신이 느껴진다.

떡살 모으는 취미를 가진 지인이 있다. 백 년이 넘은 떡살도 갖고 있다. 긴 나무에 꽃이며 상형문자 모양을 여러 개 파서 만든 떡살로 집에서 떡을 직접 만들어 모양을 낸다. 하얀 떡에 백 년 묵은 모양이 찍히면 행복감에 빠진다고 말한다.

그의 집에는 장식품이 따로 없다. 갖가지 떡살을 걸어 놓거나 그대로 아무 곳이나 두어도 고풍스러운 장식이 된다. 하나 얻어보려고 했지만, 가치를 모르는 사람에게 가면 구석에 처박혀 거미줄과 친구 할 뿐이라고 아예 말라고 한다.

떡도 퓨전 시대다. 여러 나라의 음식문화가 모여 또 다른 떡 문화를 만들고 있다. 변화를 받아들이는 건 당연한 일이고 필요한 일이다. 하지만 백 년 전에 만들어진 떡살을 고이 간직하며 지금도 그 떡살로 떡을 해 먹는 지인의 마음처럼, 오랜 시간이 흘러도 옛 맛을 기억하는 입맛처럼 추억의 맛이 지켜질 수 있기를 바란다.

창밖으로 보이는 하늘이 차 빛처럼 맑다. 오늘은 지인들을 불러 책례를 하던 선비들의 흉내라도 내보고 싶다. 햇차를 우려내고 찹쌀가루를 반죽해서 국화 꽃잎 몇 장을 고명으로 올려서 들기름에 지지면 지글지글, 가을비 소리를 낸다. '가을비는 떡비'라고 했다. 가을의 풍성함을 떡으로 비유해 알찬 결실을 맺게 하는 소중한 비를 말한다. 찰떡같은 가을비가 기다려진다.

다시,
집으로

꿈이로다

꿈이로다! 꿈이로다!

송화가 소리를 뽑는다. 매화 꽃잎 흩날리는 풍경 아래 눈물을 꽃잎처럼 흘린다. 지금도 눈을 감았다 뜨면 그 영화 속 풍경이 펼쳐지곤 한다. 백사 노인을 보내는 상여 자리에서 송화는 생이 한판 꿈이라고 생각했을까. 다른 사람들도 모두 꿈이라 생각하고 생을 떠나고 또 보냈을까. 매화 꽃잎 아래 그림 같던 송화인 듯 나도 앉았다.

문학과 영화의 차이를 감안했다. 이청준의 〈선학동 나그네〉를 먼저 읽었던 터라 영화가 잘 표현할 수 있을지 선입견을 갖고 영화를 보게 되었다. 내 선입견 속의 〈선학동 나그네〉가 유화라면 〈천년학〉은 세기에 다시 볼 수 없는 수채화였다. 〈서편제〉의 후속 같기도 한 〈천년학〉은 한 시대를 담아 온 명감독의 백 번째 작품이라, 백이라는 숫자가 가지는 의미만큼 기대감이 컸다.

동호가 송화를 만나려고 용택의 주막을 찾아온다. 가장 한국적인 풍경으로 시작해 영화는 종내 설렘과 상심 그리고 아리디아린 눈물이었다. 나는 송화가 되었다가 동호가 되었다가 소리에 미친 예인, 양아버지가 되었다.

양아버지 유봉은 송화에게 진정한 소리꾼의 삶을 살게 하려고 눈으로 뻗칠 정기를 귀와 목청으로 옮겨 세상의 한을 품게 한다. 가슴에 갇힌 소리를 쏟아내지 않으면 안 되는, 결국 그 소리에 갇혀 죽게 될 슬픈 사람이 유봉이다. 어린 동호에게는 북채를 쥐여주며 장단을 가르치고 송화에게는 소리를 가르쳤다. 여린 몸으로 폭포수 아래서 목에 피가 나도록 연습하는 장면에 가슴이 아팠다.

어린 동호와 송화는 떠도는 소리꾼에게 맡겨져 남매가 된다. 점점 아릿한 심정이 된 동호는 한 이불 속에서 발끝에 전해오는 누이의 온기를 느끼고 싶었다. 동호는 지긋지긋한 가난이 싫어 집을 떠났다고 말하였지만 송화에게로 향하는 사랑이 버거워 도망친 것이다. 이루지 못할 사랑을 숙명으로 짊어진 채로.

원작에서는 그 숙명을 이글거리는 햇덩이로 표현했다. 그 햇덩이를 가슴에 안고 길 떠나는 나그네의 숙명을 짊어진 동호는 송화를 찾아 떠돈다. 애틋한 사랑을 잊지 못하는 동호는 일평생 송화를 향한 외사랑을 간직한 채 용택이 있는 고향 주막을 찾는다. 그곳에서 사랑하는 여인인 누이 송화가 눈이 멀었다는 슬픈 이야기를 듣게 된다.

사랑을 품고 있는 사람들의 얼굴은 슬프다. 송화는 흩날리던 매화 꽃잎처럼 사랑이라는 이름으로 우리에게 다가온 소리다. 만져질 수 없고 보일 수 없지만 춘향가와 심청가, 적벽가로 동호의 폭포수 같은 장단과 함께 가슴을 찢는 그리움이 송화의 다른 이름이다. 동호와 헤어지면서 춘향가의 한 대목을 부른다. 그 판소리 속에 녹아들던 그들의 사랑이 가슴 아렸다. 송화는 손가락에 동호가 탄피로 만들어 준 반지를 여태 끼고 있다.

> 갈까부다 갈까부다 님을 따라서 갈까부다
> 천리라도 따라가고 만리라도 나는 가지 (중략)
> 하날의 직녀성 은하수가 막혔어도 일녀일도 보건만은
> 우리 님 계신 곳은
> 무산 물이 맺혔기로 이다지도 못 오신가.
>
> - 〈춘향가〉에서

선학동 명당에 유골을 묻으면 유명한 소리꾼이 난다고 믿었다. 스승의 유지에 따라 송화는 간척지로 막혀 버린 곳에 아버지의 유골을 묻고자 캄캄한 밤 산속을 헤맨다. 동호가 잘 되기를 바라는 마음에서였지만, 그들만의 사랑이 휴식할 곳을 찾아 헤맨 것이 아닐까. 그곳이 명당이었던지, 간척지로 막혀 날지 않던 천년학이 다시 찬연한 날갯짓을 하며 돌아왔다. 천년학을 날게 하려고 이들은 이토록 처절하고도 슬픈 사랑을 해야 했을까.

동호는 더 이상 자기를 찾지 말라는 송화의 말을 용택에게 전해 듣는다. 찾을 수 없는 누이를 위해 훗날 점자 집을 짓는다. 혹시 못 보는 이들 속에 제 누이가 처연하게 있을까 봐 그랬는지, 그 집은 보이지 않는 이들을 위해 바쳐졌고, 그들은 그곳에서 동호의 이루지 못한 사랑을 받으며 지내게 되었다. 작은 사랑이 큰 사랑이 되고 그렇게 그들의 사랑은 천년학으로 승화하여 영원히 날갯짓한다.

풍경 이상의 풍경으로, 소리 이상의 소리로 〈천년학〉을 이해할 수 있었다. 우리네 삶이 그렇듯, 영화의 쓸쓸하고 아린 결말을 생각하며 내 사랑의 젊은 날이 떠올라 오랫동안 힘겨웠다.

흥에 겨워 어깨춤을 추며 동호가 말했다.

"사람들이 좋아서 자꾸 걷다보면 그 길이 새로운 길이 되는 거야."

우리 강산의 아름답고 슬픈 길이 영화 내내 펼쳐진다. 새로운 길을 처음 가본 사람처럼 하늘길로 오르는 천년학은 내 안에서 오랫동안 사라지지 않는다. 천년학은 끝나지 않는 희망이요 순백의 영혼이다.

'꿈이로다! 꿈이로다.'

혼자서 되뇌어 보아도 꿈은 꿈이로되 꿈일 수만은 없었다.

득음정
나비

"우리 것은 좋은 것이여."

판소리 명창 박동진이 생전에 걸쭉한 욕과 함께 우리에게 남긴 명언이다. 하얀 도포 자락 휘날리며 한 손에 부채를 들고 고수의 장단에 맞추어 판소리 한판을 벌이면 소리 속으로 빨려 들어간다.

서편제의 고장 보성에 왔다. 진초록 차밭을 지나 작은 산길을 한참 오르니 폭포 소리가 가슴을 쓸어내린다. 거기에 득음정이 있다. 지금에야 세운 정자이지만 오래전에는 그저 양쪽이 산으로 막히고 앞에는 거대한 폭포수가 떨어졌다. 소리꾼들이 소리를 얻기 위해 피를 토해내며 소리를 연마했던 곳이다.

겨우 눈을 들어야 하늘이 보일 뿐, 득음정은 눈을 감으면 어디론가 빨려들어 갈 듯이 깊은 곳에 있다. 인적이 거의 없어 잡초가 무성하다. 간간이 모닥불을 피운 흔적이 보일 뿐, 주위로 나비가 날아다닌다. 무슨 나비가 그리도 많은지 갈 곳을 잃기라도 했는지 길을 따라 한 무리의 나비가 날고 또 날아오른다. 폭포수 소리에 눌려 귀멀고 눈멀어 제자리를 맴돌고 있는 것일까.

영화 〈서편제〉에는 명창을 만들기 위해 어린 딸의 눈을 멀게 한 소리꾼 아버지가 나온다. 기구한 운명의 틈바구니에서 딸의 소리는 듣는 이의 가슴을 쥐어뜯는다. 세상을 잃고 얻은 한의 소리다. 스스로 눈을 찔러 소리를 얻고자 하는 이도 있었다니 진정한 소리꾼이 된다는 것이 얼마나 험하고 고독한 길인지 득음정에 오르고서야 가늠할 수 있겠다.

판소리 단가 '죽장망혜'에 '죽장망혜단표자竹杖芒鞋簞瓢子로'라는 작자 미상의 시조 대목이 나온다. '죽장망혜단표자로 강산천리 들어가니'로 시작한다. 대지팡이 짚고 짚신 신고 조롱박만 찬 단출한 차림으로 자연에 들어가 산천을 구경한다는 내용이다. 소리꾼들이 한곳에 붙박이지 못하고 생업을 다 버리고 소리를 향해 훌훌 떠나는 삶과 닮아 있는 듯하다.

우리의 소리에 관심을 가지는 이가 늘어간다. 사이버 정서에 길든 그들도 내면에 숨죽이고 있는 우리 것을 소리에서 발견해내는 것이다.

박동진 명창은 한평생 소리로 살아온 생을 마감했다. 그도 득음정에 올라 수십 번 피를 토해냈을 것이다. 열여섯 나이에 소리를 배우겠다는 일념으로 무작정 집을 나온 그는 전국의 이름난 소리 선생들을 찾아다니며 익혔다. 훌륭한 스승 밑에서 배운 덕에 그의 소리는 기교에 능하다고 평가받았다. 거기에다 판소리 특유의 대사와 연기, 특히 비속한 언어와 음담패설까지 거침없는 그만의 소리는 카타르시스를 준다. 우리가 하고 싶으나 억누른 소리를 질펀한 사투리로 내질러 주니 고맙기까지 하다.

한때 마구잡이로 소리를 하다가 목소리를 버린 적이 있다고 한다. "젊어서 못된 짓을 많이 해서 목을 버려 놓았응께 목만 다시 찾으면 죽어도 원이 없다"고 와신상담했다. 하루에 열여덟 시간을 연습했고 목소리를 틔우기 위해 똥물을 40그릇이나 들이켰다니 놀랍기 그지없다.

마침내 1968년도에 국내 최초로 다섯 시간에 걸쳐 판소리 〈흥보가〉를 완창하며 파란을 일으켰다. 이듬해에는 〈춘향가〉를 열여덟 시간에 걸쳐 완창했고 〈심청가〉, 〈수궁가〉 등 판소리 다섯 마당을 완창해 나갔다. 1973년도에는 〈적벽가〉로 인간문화재에 지정되었다.

늙어가면서 박 명창은 고향인 무릉동에 내려가 수많은 소리꾼의 호랑이 스승으로 남았다. 아직 완창하지 못한 소리가 남았고 제자들의 소리가 욕심만큼 익지 않음을 보고 떠나갔으니 아쉬움이 남았으리라.

> 높은 데 올라서서 이마 우에 손을 얹고
> 도련님 사시는 데만 무뚜뚜루미 바라보니
> 가는 대로 적게 뵌다.
> 달만큼 보인다. 별만큼 보인다. 나비만큼 불티만큼
> 망종 고개 너머 아주 깜빡 넘어가니 그림자도 못 보것네
>
> - 판소리 〈춘향가〉 '이별가' 중

춘향전의 가슴 절절한 이별가를 옹의 가는 길에 불러나 보고 싶다. 춘향이가 이 도령과의 사랑에 애끓어 이별가를 불렀다면 우리는 그의 소리를 사랑하므로 그가 마지막 가는 길에 술이나 한잔 나누며 이별가를 부르고 싶다. 맺힌 인연의 설움을 풀어놓고 싶음이다.

옹은 어떨까! 남겨진 사람들의 이별가를 들으며 "염병할…" 하며 욕을 하실지, 고수鼓手가 되어 "어이!" 장단을 맞추어주실지. 득음의 길은 멀고도 험하지만 우리 소리는 훌륭한 유산으로 남았다. 누군가 삶을 바쳐서 해내지 않으면 사라졌

을, 우리만의 소리가 아닌가. 박동진 명창은 우리의 역사로 남았다.

득음정 오르는 길에 보았던 나비들이 떼를 지어 날아오르는 환상을 본다. 소리만을 아는 나비들이 그를 따라간다. 훨훨.

백제,
여기
있노라

백마강 물줄기를 따라가다 언뜻 멈춘다. 우리가 탄 배가 수려한 절벽을 배경으로 섰다. 절벽 아래로 붉은 진달래가 군락을 이루었다. 진달래 꽃잎 위로 햇살이 투명하다. 백제의 마지막 전설이 서려 있는 곳. 군수 홍한표가 지었다는 백화정이 이물질처럼 낙화암 위에 얹혀 있다

소리도 시간도 멈춘 속에 나는 혼자서 표류한다.

파드득 소리를 내며 강물 위로 떨어지는 햇살에 시간 저 너머로 온 듯이 아득해진다. 진달래 꽃잎이 몸을 던지듯 백화정이 자리 잡은 즈음에서 궁녀들이 저 투명한 강물에 낙

하하였으리라. 사무친 한을 온몸으로 던져 한 시대를 닫았으리라.

의자왕은 궁녀만 삼천이라 전해올 만치 방탕함에 빠졌다고 전해진다. 젊은 시절 용맹과 지혜로운 성품이 왜 그리도 변했을까. 나이가 들면서 덕성이 더 깊어져야 하건만 의자왕을 그토록 허무의 늪에 빠트려 미치도록 만든 것은 무엇일까.

기원전 18년 온조왕이 세운 나라, 한강 유역의 비옥한 환경을 기반으로 세련되고 우아한 문화를 발달시킨 나라, 백제 역사의 맥이 678년 만에 끊겨버렸다. 마지막 왕은 나당연합군에 패하고 당나라로 끌려가 병으로 비참한 일생을 마감했다.

왕이 남기고 떠난 궁녀들은 진달래가 핏빛으로 피고 지는 낙화암 절벽에서 꽃잎으로 산화했다. 저 도도한 강물을 당황케 하며 한숨조차 들리지 않게 침묵 속에서 의식을 치렀으리라. 비참한 최후를 맞은 왕을 연모하여 눈물조차 보이지 않았으리라.

백제는 사라졌고 강물은 침묵한다. 낙화암 또한 그저 꽃을 피우고 지울 뿐, 전설만 남았다. 백제를 잠시 더듬는 사이, 갑자기 눈앞에 낙화암이 선명해 보이면서 마음에 담긴다.

하얀 왜가리 한 마리가 강 언덕을 서성이며 낙화암을 바라본다. 한 서린 넋이 궁녀들을 그리며 노닐기라도 하는 것일까. 임의 마지막 용안도 보지 못한 순진한 궁녀 하나가 천년

그리움으로 서 있는 것일까.

강물이 바람에 소요한다. 낙화암을 한 점 꽃잎으로 남기고 배는 미끄러지듯 백마강을 빠져나온다. 뱃머리 어디에선가에서 비밀스럽고 아득한 인기척이 느껴진다. 어쩌면 의자왕이 삼천한 번째 궁녀인가 싶어 나를 손짓하며 호탕하게 웃고 선 것이 아닐까. 되지도 않을 공상을 하며 꿈처럼 시간여행을 떠나왔다.

백마강이 다시 나를 끌어들인다. 낙화암 진달래 무리 속으로 웅대한 소리가 들리는 것 같다.

"백제가 여기 있노라."

이스탄불의 다리

프랑스 영웅 나폴레옹은 이스탄불을 두고 “자연의 축복을 받은 신의 선물이요, 역사적 유적을 동시에 간직한 곳이 이스탄불 말고 또 있겠는가!” 극찬했다.

삼면이 흑해와 지중해로 싸인 반도, 흐르는 물처럼 도도한 역사의 흐름 속에 위대한 종교 건물이 작품으로 생성된 나라, 터키는 아름다운 보스포루스 해협을 경계로 동양과 서양으로 나뉜다. 한 편의 물은 동양으로 또 한 편의 물은 서양으로 흘러 들어간다. 특히 이스탄불은 동서양의 문화가 적절하게 섞여 있다. 서로 다른 문화와 종교가 합쳐져 가장 부드러운 조화를 창조해 내는 세계적인 도시다.

특히 아시아와 유럽을 연결해주는 거대한 다리를 배를 타고 지날 때는 꿈길을 헤매는 것 같았다. 그 다리를 건너면 희망처럼 어여쁜 것들이 우리를 기다리고 있을 것만 같았다. 막연함으로 생각하던 그림이 현실의 풍경이 되어 다가올 때 어쩌면 그림보다 더 현실감이 떨어지는 것 같다. 마치 우린 그림 속에 갇혀있고 그림 밖에서 누군가가 우리를 엿보고 있다는 몽환적인 생각이 든다.

어릴 때 마을마다 크고 작은 다리가 놓였다. 개울을 건너다니기 위해 물이 얕은 곳에는 돌다리가 놓였다. 재미로 다리를 뛰어다니며 아이들은 여름 내내 얼굴이 까맣게 타도록 물놀이를 했다. 개울 하나로 윗마을 아랫마을 아이들이 고무신 벗어놓고 개울에 몰려다니며 고기몰이를 했다. 놀란 피라미들이 작은 그물망에 잡혀 파닥거렸다.

아이들은 고기를 잡는 게 목적은 아니었다. 다리를 사이에 두고 마을 아이들끼리 편이 갈려 싸우기도 했지만 그저 하루를 즐겁게 보내면 되는 것이었다. 아이들은 물처럼 하늘처럼 자연에 순응하며 키가 자랐다.

장맛비가 무섭게 내리거나 태풍이 지나고 나면 다리를 다시 놓아야 했다. 목수 일에 일가견이 있는 아저씨의 지시에 따라 젊은 남자들은 모두 호출되었다. 며칠에 걸쳐 망치 소리와 톱 소리를 듣다보면 신기하게도 다리가 생겨나 있었다. 통나무를 납작하게 잘라 다리가 완성된 날엔 마을 잔치가 벌어졌다. 팥시루떡을 하고 돼지를 잡아 마을 어른들이 고사를 지내고 근처 마을 사람들까지 다 모여 꽹과리를 울리고 장구를 치며 다리밟기를 했다.

아슬아슬한 외나무다리도 있었다. 겨우 한 사람만 조심스럽게 건너다녀야 했던 다리는 우리에게 양보의 마음을 자연스럽게 일러 주었다. 양보 없이 욕심부리다가는 아무도 건널 수 없었으니. 처음 외나무다리를 건너던 때가 생각난다. 커서 보니 작고 얕은 개울일 뿐이었는데, 그때는 어찌나 물살이 급하고 깊게 보였는지 다리가 부들부들 떨렸다.

낯선 땅의 바다는 무섭도록 깊고 파랗다. 배가 다리 아래를 미끄러지듯 빠져나오자, 어스름한 회색 하늘에 붉은 노을이 깔렸다. 해가 스러지며 빛을 뿌리는데 불새 한 마리가 하늘로 비상해 오르는 것 같았다. 그것은 생명이었다. 이름 모를 새가 날고 있는 이국의 저녁 풍경은 숨이 막힐 정도로 황홀했다. 동행한 노부부들의 눈빛이 깊어졌다.

언젠가 보았던 영화 〈메디슨카운티의 다리〉가 떠올랐다. 나흘간의 사랑을 평생 가슴속에 묻어둔 두 연인.

사진기자인 로버트가 다리를 촬영하기 위해 오하이오주로

온다. 길을 잃어버려 우연히 프란체스카의 집에 길을 물어보러 온다. 이들은 만나자마자 호감을 느끼며 공통점을 발견한다. 한적한 시골 동네에서 갑갑한 일상에 지쳐 있던 프란체스카는 로버트를 다리로 안내하고 그를 통해 새로운 세계를 접하게 된다. 로버트는 '평생에 한 번밖에 오지 않을 사랑'을 예감하며 프란체스카에게 다시 만나자는 쪽지를 보낸다. 평범한 시골 중년 여자 프란체스카는 갈등하지만 결국 로버트를 떠나보낸다. 일상으로 돌아와 평생 가슴에 사랑을 묻는다. 절제한 사랑, 순수하고 깊은 사랑, 우주에 하나뿐인 사랑 앞에서 나는 눈물을 머금었다.

낯선 땅에서의 그림 같은 풍경이 우리네 가슴 밑바닥에 숨겨진 감성을 깨우곤 한다. 평생을 같이 살아온 노부부들은 다리를 이야기하며 운명적 사랑에 순응하고 노을 속으로 젖어 들어갔다.

다리는 편리한 조형물 이상으로 다가온다. 사람과 사람 사이에도 다리가 있다. 서로 오갈 수 있는 따뜻한 다리가 늘 우리네 속에 있으면 좋겠다. 여행은 사람 사이에 보수해야 할 끊어진 다리를 이어주는 역할을 한다. 가슴속에 턱 하고 다리 하나가 놓이는 것 같다. 우리는 이렇게 다리를 지나 이스탄불을 향해 들어갔다.

터기 : 2022년 1월 '튀르키예'로 개명

알프스에 남긴 그림엽서

세계에서 가장 가보고 싶은 나라를 써보라고 하면 언제나 스위스를 적었다. 어린 시절『알프스 소녀 하이디』를 읽고 나서부터였다. 1880년 스위스 작가 요한나 슈피리는 이 소설에서 스위스의 천혜 배경인 알프스와 그곳 사람들의 심성을 잘 묘사한다.

하이디는 다섯 살 때 완고하지만 인자하신 할아버지에게 맡겨 길러졌다. 아들이 맡긴 손녀 하이디와 살면서 무뚝뚝한 할아버지도 영민한 하이디에게 정이 들었다. 이모의 강요로 고향을 떠나 프랑크푸르트로 가게 된다. 걷지 못하는 클라라의 말벗이 되어주고 클라라의 할머니에게서 그림책으로 독일어와 기독교 신앙을 배운다. 클라라와는 둘도 없는 친구가 되지만 하이디는 고향 산골을 그리워하다 향수병에 걸린다. 꿈에서나마 돌아가고 싶은 곳이 알프스였다. 하이디는 할아버지에게로 돌아온다. 고향에 돌아온 하이디는 건강을 되찾고 글을 모르는 친구 피터에게 독일어를 가르쳐준다. 하이디가 그리워 할머니와 함께 알프스로 찾아온 클라라는 목동 피터와 하이디의 도움으로 걸을 수 있게 된다. 어른이 된 하이디는 목동 피터와 결혼하여 행복하게 살게 된다. 나는 하이디가 행복해지기를 바라며 먼 미래를 꿈꾸었다.

미리 전화로 연락해 놓은 홍 씨 아저씨 식당을 찾았다. 목조건물에 중국식 한국식당이었다. 전형적인 한국 털보 아저씨를 보자 내 나라 사람을 만난 편안함이 느껴졌다. 아저씨의 내력은 아무도 모른다. 더러는 그가 스님이었다고도 하고 무슨 무술이 고수라고도 하고 하여튼 스위스의 한국인 홍 씨 아저씨는 만년의 신비를 간직한 설산의 설인인 듯 비밀스러운 인물이었다. 그 사람의 내력을 모르면 또 어떠하리. 여행은 다분히 사람을 사색적이게 한다.

어설픈 한국 음식이라도 흡족해하며 식당 건너편 호텔에 여장을 풀었다. 배낭여행을 하는 이들을 위해 운영하는 곳인데 우리 방은 6인실이었다. 인도 여학생과 일본 여학생들과 함께 묶었다. 언어는 통하지 않았지만 같은 곳을 여행하는 사람들이라 표정만 봐도 마치 말이 통하는 것처럼 살갑게 느껴졌다.

스위스의 물은 화장실 물도 그냥 마실 수 있을 정도로 깨끗하다고 한다. 어린 시절 우리네 고향도 물 맑고 공기 좋은 것을 자랑하던 때가 있었다. 그때는 샘물을 바가지에 떠서 마시면 단맛이 났다. 오래도록 그것을 지켜내는 스위스 사람들이 부러웠다. 숙소 창밖으로 푸른 계곡의 물빛이 어찌나 푸른지 깊이를 알 수 없을 정도로 물빛이 짙었다.

호텔 앞은 공원이었다. 어린이들과 노부부들이 한가로이 해바라기를 하고 있었다. 간간이 뛰어가다가 잔디밭에 넘어지기도 하고 제 또래들끼리 우르르 몰려들어 어설프게 일으켜 주기도 하며 아이들답게 놀고 있었다.

우리나라 아이들이 생각났다. 문을 열면 시멘트 길이고 한 발 걷기만 해도 차들이 씽씽 달리는 위험한 도로가 많으니 마음껏 뛰어놀 수 있는 푸른 잔디밭은 그저 희망 사항이다. 그렇게나마 놀 시간도 없다. 학교에 갔다 오면 지친 몸을 끌고 이리저리 몇 군데 학원을 돌고 저녁 늦게야 집으로 간다. 아이들의 축 처진 어깨를 보면 산골 마을에서 자연과 함께 뛰어노는 알프스 소녀 하이디는 그저 꿈일 수밖에 없다.

아이들 곁으로 노부부들이 앉아 정답게 담소를 나누는 모습이 평화로워 보였다. 피부가 하얗고 눈이 호수처럼 맑아 보였다. 빛이 약간 바래긴 했지만 금발이 아름다웠다. 알프스 소녀 하이디가 지금 저렇게 늙어 유유자적 세월을 보내고 있을 것만 같았다.

하룻밤을 보내고 여행지를 나섰다. 여행지에서의 시간은 너무 빨리 흐른다.

설산 융프라우를 향해 가고 있다. '젊은 처녀의 어깨'를 뜻하는 융프라우는 유럽에서 가장 높은 곳에 자리한 역으로 유럽의 지붕이라고 부른다. 그림엽서에서나 볼 수 있는 이국적인 풍경이 꿈만 같다. 기차는 비슷비슷한 풍경을 지나며 인터라켄에 도착했다.

융프라우가 바라다보이는 플래토전망대에는 유럽에서 가장 높은 곳에 위치한 우체국과 빙하를 깎아 만든 얼음궁전이 있다. 우체국에는 그림엽서가 있었지만 엽서를 써서 보낼 엄두가 나지 않아 마음으로 보낸 듯 엽서를 몇 장 사 두었다. 산 아래는 여름이라 초록으로 온몸이 물들 지경인데도 이곳은 천지가 하얀 눈으로 덮여 있다. 사람들이 눈썰매를 타고 스키를 즐긴다. 개썰매를 꼭 타보고 싶었는데 타지 못한 것이 아쉬움으로 남아 있다.

우린 그저 여름에 보는 신기한 눈을 뭉쳐 던져보기도 하고 볼에 비비기도 하며 아이처럼 들떠 깔깔거렸다. 거기서 먹는 신라면이 대세라지만 우리는 홍 씨 아저씨 집에서 산 흰쌀밥에 딸이 소고기를 넣고 볶아준 고추장을 비벼서 먹었다. 설산에 앉아 먹는 밥은 꿀맛이었다. 어릴 때 할머니의 꿀단지를 몰래 꺼내서 훔쳐 먹던 바로 그 맛 같았다. 침범하기 힘든 고도의 아름다움을 지닌 알프스 융프라우에서 우린 허기진 배와 가슴을 한국의 것으로 채웠다. 동료가 입안에 밥을 한입 넣고는 웃고 나도 웃고 볼이 미어터지도록 웃는 서로를 보며 또 웃었다. 지나가던 외국인들이 웃으며 손을 흔들고 지나갔다. 우리 꼴이 우스웠을까. 남의 시선 따위 아랑곳없이 멀리 스위스에 와서 가장 즐거운 시간이었다. 하이디가 향수병에 걸린 것처럼 우리도 목구멍에 밥이 걸리도록 내 고향이 그리웠다.

산양 떼들이 설산을 뒤로하고 풀을 뜯으며 평화롭게 거니는 알프스는 유럽의 거대 산맥으로 스위스가 가장 많이 차지하지만 여러 나라에 걸쳐 있다. 외르겔리의 반주에 맞추어 부르는 요들송은 흥겹기 그지없다.

해발 1639m 작은 마을, 전기자동차와 마차만 다니는 청정지역에 웅장한 빙하 폭포가 있다. 일곱 개의 빙하에서 녹아내리는 물이 하나로 합쳐지는 자연의 위대함과 좁은 틈새로 쏟아져 내리는 폭포의 소리는 천둥 번개에 비할 수도 없이 엄청나다. 빛의 속도만큼이나 엄청난 속도로 떨어진다는 물줄기는 초당 20톤이나 된다고 한다. 폭포수가 물줄기가 모여 스위스 전역에 흘러 스위스의 젖줄이 된다.

내려오는 길 곳곳에 예쁜 피라미드형 집 주위로 아름다운 꽃들이 만개했다. 뒤를 돌아보면 설산이 우뚝 섰고 내려오면 꽃이 만발하니 타임머신을 탄 듯 시간여행을 한 기분이었다. 마을 꽃밭을 배경으로 수영장이 만들어져 있었다. 설산의 물이 흘러 모인 것일까.

세계의 사람들은 알프스의 산을 오르고 또 오르려고 한다. 만년 설산이 가진 신비를 훔치고자 함일까. 어떤 이는 오르고 어떤 이는 중간에 포기하고 어떤 이는 설산에서 죽는다. 동료는 말이 적어졌다. 그가 설산에서 본 것은 무엇일까. 만년설에서 빠져나온 우리는 고추장에 밥을 비벼 먹으며 고향이 그리워 목이 메었던 것처럼 언젠가는 이곳이 그리워 향수병에 걸릴지도 모른다. 우리는 스위스 가장 높은 곳에 남겨질 그림엽서 한 장이 되었다.

이화정

연꽃

"다시는 여인이 정치를 못하게 하라. 다시는 나처럼 불행한 여인이 나오지 않았으면 한다."

파란만장한 생을 산 서태후의 유언으로 알려져 있다. 어마어마한 사치와 향락, 권력을 누리고 생을 마감한 서태후가 여성이 권력을 감당하기엔 너무 많은 제약과 풍파가 있다는 걸 몸소 겪었기에 할 수 있는 말이 아니었을까.

서태후의 삶은 곧 '이화원'이다. 1750년 건륭제가 별궁으로 만든 옛 사원을 1886년에 서태후는 자신의 여름궁전 겸 정원으로 대대적인 개조 공사를 했다. 당시 해군 창설을 위해 마련된 예산에서 유용한 돈을 포함해 은전 삼천만 냥을 들여 건립한 사치의 극강이다. 지금까지도 중국 최고의 건축물로 뽑힌다. 여의도 크기의 열 배, 88만 평 면적의 이화원은 서태후의 욕망과 권력, 삶과 죽음이 조성된 정원이자 서태후 자체라고 해도 과언이 아니다.

이화원의 4분의 3은 거대한 인공호수가 차지한다. '이화정'이다. 서태후는 이화정에서 뱃놀이를 즐겼다. 백성들을 동원해 손으로 일일이 삽질해서 판 것이라니 그 피땀이 얼마였을까. 절대 권력의 슬픈 산물이다.

사극 열풍이 인다. 우리나라 마지막 황후를 떠올려본다. 명성황후의 일대를 보아도 권력이란 모순된 힘이라는 생각에 잠기게 된다. 우리 같은 보통사람들이야 감히 생각할 수도 없다. 힘 잃은 나라의 궁궐에서 왜인들의 칼날에 베여 비참하게 쓰러지고 황후가 아닌 민비라는 이름으로 낮추어 그녀를 떠올리지 않았던가.

서태후가 정작 가지고자 했던 것은 무엇이었을까. 이화원을 지으며 서태후는 무엇을 생각했을까. 이화원에 들어가 그녀가 거닐었다던 동궁 문에 들러 서태후를 만나고 싶었다. 한 시대의 권력이 바람처럼 사그라진 이화원에는 깊은 고요가 맴돌았다. 호수를 만들기 위해 파낸 흙이 산이 되어 가는 것을 보며 서태후는 그래도 채워지지 않는 자신 안의 호수를 보았을지 모르겠다.

미관말직을 지내던 아버지에게서 태어난 서태후는 1851년 함풍제의 후궁이 되었다. 총명한 머리와 기가 막힌 노래로 함풍지의 총애를 받으며 아들을 낳고 십 년이 흘렀다. 함풍제는 재위 11년 내내 내란에 시달리고 환락의 유혹에 빠져 허덕이다 폐결핵으로 죽었다. 그런 함풍제를 지켜보며 서태후는 강인한 절대권력를 사무치게 필요로 했을 것이다. 모후의 권위를 시작으로 함풍제의 정식 황후인 동태후와 같이 여섯 살 아들 동치제의 섭정을 시작했다. 동태후 역시 죽음을 맞이하고 청나라 권력은 서태후의 치마폭에 장악되었다.

아들 동치제도 모후의 욕망에 가려 왕 노릇을 제대로 못 하다가 열여덟 살의 나이로 비참한 생을 마감했다. 어린 황제의 아내도 아이를 낳아보지도 못하고 동치제를 따라 스스로 생을 마감한다. 죽음 너머로 서태후의 그리 길지도 않을 삶을 내다보며 그들은 어떤 마음이었을까. 통곡도 하지 못했을 것 같다.

특히 식탐이 심했다는 서태후가 정무를 본 인수전의 유품들이 유리문 속에서 관광객들의 구경거리가 되었다. 서태후는 자신이 그리는 이상국으로서 청나라를 자기 손으로 만들려고 했다. 숨통을 조여오는 민족주의적 지식인들이 활동하기 시작했고 영국, 프랑스 등 외세의 힘은 무서운 현실이었고 엄중했다. 일찍이 농민들이 봉기한 태평천국의 난을 진압한 공도 있었지만 광서제와의 갈등과 의화단과의 타협, 공친왕과의 문제로 고통의 나날이었을 것이다.

서태후는 아들 동치제가 죽은 뒤에도 세 살짜리 조카 광서제를 황위에 올려 섭정을 계속했다. 차츰 자신의 자리를 지키려는 광서제를 궁중에 유폐해 그 존재성을 잃게 하고 결국 죽음에 이르게 한다. 서태후는 1908년 11월 일흔일곱 살의 나이로 자신이 유폐한 광서제가 죽은 이틀 뒤에 생을 마감한다. 그리고 3년 후 청나라는 신해혁명으로 멸망해 서구 열강의 손아귀에 들어간다.

인수전에서 일을 보다가 서유기, 삼국지 등을 표현한 팔천 폭의 그림이 그려져 있는 장랑을 따라가며 사색하고 모든 일을 결정했을 서태후를 상상해본다.

728m의 긴 장랑을 따라가노라면 대리석으로 만든 배, 석방에 닿는다. 물에 가라앉지 않는 배, 조각 하나하나가 정교하고 화려한 이 석방에서 서태후는 달을 구경하며 자신의 폭정을 비판한 사람들을 조롱했다. 유유한 호수를 떠다니지도 못하는 석방은 서태후가 가진 무소불위의 탐욕과 절대성의 상징물로 보인다.

인수전 바로 뒤쪽에 있는 덕화원은 서태후를 위한 극장과 거대한 무대를 갖추고 있다. 하얀 분을 바르고 남자의 목소리도 여자의 목소리도 아닌, 경극 배우의 묘하게 구슬픈 목소리가 생각난다.

서태후의 초상화를 본 적이 있다. 오만함과 당당함을 기이하게 풍겼다. 그가 자행한 폭압과 향락의 이야기가 무수히 전해진다. 칠십 가까운 나이로 보이지 않는 외모에 절대 무타협의 고집스러움, 욕망의 갈고리 같은 긴 손톱으로 무엇을 지켜내고자 했을까. 여하튼 역사 속에 길이 남을 여성상이다.

서태후가 여자가 아니었으면 어떠했을까. 서태후는 인수전 앞에 왕을 상징하는 용과 비妃를 상징하는 봉황의 자리를 바꾸어 놓았다. 궁전을 바라볼 때, 용이 오른쪽에 봉황은 왼쪽은 있어야 했는데 서태후는 봉황을 오른쪽에 두게 했다.

세월이 무상하다. 모든 것은 소멸하고 재창조되는 역사의 굴레를 벗어나지 못한다. 남아 있는 것으로 역사는 말한다. 지독하게 이루어낸 이화원과 이화정에 수많은 사람이 몰려와서 서태후를 논하고 풍경에 감탄하며 청나라가 아닌 중국에 국고를 채워 준다. 시간과 역사 앞에서 모든 것은 허무할 뿐이지만 역사는 우리에게 분명히 말해주는 것이 있다. 그 목소리에 귀 기울여야 한다. 과거의 자산으로 현재 우리가 존재하고 미래의 우리가 살아갈 것이기 때문이다.

이화정의 여름은 한마디로 '연꽃'이다. 수려한 연꽃 속 고즈넉함이 서태후인 듯 살아남은 여름 궁전을 지킨다. 객들도 잠시 그냥 그렇게 풍경처럼 흐를 뿐이다.

템스강
아래로
그리움은 흐르고

영국에서 시작하여 영국에서 마침표를 찍었다.

물소리문학회 동인의 남편이 옥스퍼드 대학교에 교환교수로 가 있었기에 가능한 유럽 여행이었다. 장시간 비행하여 히스로공항에 도착해 해후의 기쁨을 나누었다.

교수님의 마중으로 런던에 입성한 우리는 12박 13일의 유럽 여행을 출발했다. 거인국에 간 소인국 사람처럼 마음 졸이며 두리번거리다 말았을 여행을 그들의 도움으로 알차게 하게 된 것이다. 문학 활동을 오래 같이하면서 우린 거의 한 가족이 되어있음을 뼈저리게 느꼈다. 여행하면서 느낀 것 중 하나가 사람이 그립다는 것이다. 그리웠다. 한국의 가족들이 그립고 런던의 K 가족이 그리웠다.

첫날은 어수선하고 피로감이 있어 쇼핑몰과 집 주변에 잘 정돈된 공원을 산책했다. 우린 같은 시간 같은 곳을 걷는다는 사실에 감격했다. 말이 없어도 이제는 서로의 가슴속 말을 들을 수 있다.

이튿날 도버해협을 건너 열흘 남짓 유럽 5개국을 돌고 여행을 정리하며 파리에서 밤 기차를 타고 다시 동인 K가 있는 런던으로 향했다.

지칠 대로 지친 우리는 침대칸을 잡으려다 말이 잘못 전달되어 한바탕 소동을 겪었다. 겨우 침대칸 기차에 누워 런던으로 되돌아갈 수 있었다. 자면서도 우린 키득키득 웃었다. 말이 통한다는 것은 얼마나 큰 축복인가.

K가 마중 나와 있었다. 그의 집에 도착하자마자 우린 한꺼번에 에피소드를 쏟아냈다. 처음 수학여행을 갔다 와서 채 흥분이 가시기 전에 엄마에게 말하는 것처럼 모두 들떠 있었다. 잠시 휴식 시간을 가지고 영국 나들이에 나섰다. 방금 내린 소나기로 말갛게 세수를 한 마을은 정갈하고 단아해 보였다. 사람들은 여유롭게 보였다. 왕조를 지키고 있는 나라 영국 왕실에서 쏟아져 나오는 이야깃거리는 세계 사람들을 흥미롭

게 한다.

런던이라는 지명이 '호수의 도시'를 뜻하는 켈트어에서 비롯되었듯이 런던은 템스강을 끼고 있다. 빨간 이층버스가 다니고 근엄한 왕실이 건재하고 셰익스피어의 작품이 날마다 살아 공연되는 곳이 그곳이었다.

셰익스피어를 말하지 않고서는 영국을 말할 수 없다. 로미오와 줄리엣의 비극적인 사랑과 신비로운 한여름 밤의 꿈은 많은 이들의 이상향에 다가가 있다. 대문호의 생가를 찾아갔다. 에이븐강이 가로지르는 소도시, 스트레트포드 어폰 에이븐Stratford-upon-Avon에 셰익스피어가 나고 죽은 마을이 있다. 셰익스피어 작품이 매일 공연되는 이 마을엔 아내 앤 해서웨이의 오두막집도 있다.

'죽느냐 사느냐 그것이 문제'라고 말한 그의 육신은 없어졌지만 그의 작품은 살아 있었다. 그는 죽었으나 살았다고 감히 말하고 싶다. 모든 작가의 꿈이지 아닐까? 죽어서도 오래 남을 작품 한 편을 쓰는 것 말이다.

셰익스피어의 작품은 남아 있지만 정작 그의 삶에 대해서는 베일에 싸인 게 많다. 열여덟 살에 농부의 딸과 결혼하여 세 명의 아이를 둔 평범한 시골 사람이 런던으로 진출해 극작가와 배우로 활약하기까지 칠 년의 공백은 아직도 미스터리다. 여덟 살 연상의 아내 앤 해서웨이는 소문난 악처였다고 전한다. 셰익스피어 같은 대문호가 평생을 악처에게 시달리며 살았다고 하니 사람 사는 게 참 아이러니다. 어찌 되었든 밥을 굶지 않으려고 수많은 작품을 쓰기도 했다니 작가가 배가 고파야 참글이 나온다는 말이 새삼 생각난다. 악처도 가고 작가도 가고 작품과 명성만 남았다.

대문호를 뒤로하고 옥스퍼드대학으로 발길을 돌렸다. 서기 700년 템스강 상류인 아이시스강과 차웰강이 만나는 온화한 구릉지에 수도원이 세워지면서 옥스퍼드의 도시 역사가 시작되었다. 13세기에 수도사들이 모여들자 이들의 교육을 위해 칼리지라는 교육기관이 세워졌다. 한 세기도 지나지 않아 학생 수가 천오백 명을 넘어섰다고 한다. 이때부터 옥스퍼드는 세계사에 길이 남을 걸출한 학자와 인물을 배출하며 유구한 전통을 계승한다. 우리나라 학생들도 제법 많이 다니고 학업성적도 뛰어나다니 자랑스럽다.

구백여 개의 대학건물을 거니는 동안 역사의 흐름이 멈춘 것만 같았다. 영국 왕족이 머무는 궁전처럼 보이는 대학건물들은 살아 있는 역사였다. 늘 안개비가 내려서인지 나무들이 잘 자라 있었고 꽃들이 예쁘게 정돈되어 피었다. 런던은 거대한 공원에 조성된 도시 같은 느낌이 들었다.

템스강을 끼고 흐르는 영국은 역사만큼이나 깊은 아름다움을 지닌다. 맑은 강물이 흘러가는 쪽으로는 왕족들의 저택

들이 즐비하다. 왕궁에서는 우리나라에서는 흉조라고 꺼리는 까마귀를 길조라고 기른다. 옛날에는 길조가 밖으로 날아가면 나라가 망한다는 속설이 전해져 까마귀 날개를 꺾어 왕궁 안에서 키웠다고 한다.

런던브릿지 아래로 도도하게 흐르는 템스강도 한때는 '죽음의 강'이라 불렸다. 산업혁명과 세계대전을 거치면서 급속한 산업발달과 인구증가로 오염되어 냄새나는 강이었다. 그러나 시민들의 요구와 함께 정부가 적극적으로 수질 개선 정책을 실시한 결과, 지금은 세계에서도 깨끗한 강으로 꼽힌다.

템스강을 따라 여행을 끝내야 했다. 아쉬운 마음에도 아주 먼 길을 다녀온 사람처럼 몸이 지쳤다. 하지만 올 때의 작은 마음들이 아주 커져 있음을 서로 느낄 수 있었다. 마음 같아서는 부둥켜안고 한참을 울어보고 싶었다. 말을 하지 않아도 우린 이미 이심전심 알고 있었으리라. 하루를 더 자고 우린 한국으로 돌아올 채비를 했다. 보내는 사람도 떠나는 사람도 마음이 애잔한 건 마찬가지였다.

우리의 유럽 여행은 그리움으로 시작해 또다시 그리움으로 종지부를 찍었다. 템스강이 흐르듯 오래도록 흐를 것이다.

터키[#]의 푸른 돌

여행길 위의 시간은 몇 배는 빨리 지나는 것 같다. 역사가 멈춘 이국땅에서의 시간은 도무지 종잡을 수 없었다. 여행을 떠나 온 지 몇 번의 밤이 지나고 우리는 터키에 들어섰다.

터키, 하면 우선 선이 굵은 사람들이 떠오른다. 2002년 월드컵을 치르면서 터키와의 우정에 눈물겹게 감동했다. 그들도 우리나라 사람들처럼 정 많고 의리를 아는 사람들인 것 같다. 참전국의 전우애가 하나의 강으로 흐르는 걸까. 비잔틴 제국과 오스만 튀르크 제국의 문명이 명멸했던 곳으로 헤아릴 수 없는 고대의 유적이 전국에 산재한 나라, 터키를 역사

학자 토인비는 '살아 있는 박물관'이라 말했다.

터키는 내 예상과 비슷했다. 굵직하게 다가오는 그들의 삶과 역사를 고스란히 간직하고 있는 사람들만이 가질 수 있는 깊이 있는 여유가 느껴졌다. 무엇보다 요한계시록의 일곱 교회 종교회의로 유명한 니케아 비잔틴 제국의 상징인 성 소피아성당을 비롯한 성지들은 방금 성경에 기록된 것처럼 사실감 있게 다가왔다.

터키는 돌의 나라다. 선처럼 솟은 돌산 속에 형성된 사람들의 삶의 흔적이란 경이로웠다. 특히 나를 사로잡은 것은 우리나라의 여덟 배나 되는 터키의 평야였다. 푸른 보리와 밀이 바람 따라 춤을 추고 내가 선 곳이 한국인지 터키인지 구분되지 않았다. 비행기를 타고 날아온 먼 곳인데 눈앞의 낯익은 풍경에 눈물겹도록 반가우면서도 이상하게 처연한 마음이 들었다. 보리밭 옆에 펼쳐진 목초밭은 바다 같았다. 눈앞의 그 푸르디푸른 평야에서 햇살이 파도처럼 튕겨 올라 물결을 이루고 있었다. 들판 너머에도 우뚝우뚝 솟은 기괴한 돌산들이 많았다. 그 돌산에도 야생초가 피었고, 그 틈으로 양 떼들이 한가로이 풀을 뜯었다. 나무가 간간이 서 있었다.

마을로 더 들어서자, 뽕나무가 눈에 띄게 많았다. 목화밭까지, 어린 시절 우리네 마을과 흡사한 자연조건을 가진 것 같았다. 이국땅에서 목화밭을 지나노라니 어린 시절로 온 느낌이 들었다. 조금 더 걷노라면 어릴 적 우리 마을이 나올 것만 같은 착각이 들었다. 같이 간 사람들도 다 비슷한 생각을 하고 있었다. 어릴 때 먹을 것이 귀해 뽕나무 열매를 따 먹고 나면 입 가장자리나 옷에 까맣게 물들어 한 계절이 지날 때까지 오디에 물든 옷을 입고 다녔다며 그래도 그 시절이 그립다고들 했다. 다들 거제도에서 친숙하게 같은 풍경, 같은 문화, 같은 사투리로 말을 하고 지내왔던 사람들이었다. 그래서인지 추억도 비슷비슷했다.

터키에는 뽕나무나 목화를 많이 재배하는 이유에서인지 카펫이 유명하다. 가이드는 우리를 카펫 만드는 마을로 안내해주었다. 공장이라고 할 것도 없는 카펫공장이었는데 젊은 여자들이 기계 앞에 앉아 우리네 여인들이 베틀에 앉아 베를 짜던 것같이 색색의 아름다운 문양을 넣어 카펫을 짜고 있었다. 공장 옆으로는 누에고치에서 명주실을 뽑아 카펫을 짰다. 명주가 들어간 카펫은 천만 원을 호가하는 고가로 팔린다고 한다. 낯선 땅에서 명주실 뽑는 광경을 만나니 어린 시절 보았던 어머니 생각에 눈시울이 뜨거워졌다.

어머니도 누에를 친 적이 있다. 당시는 누에학교가 있었다. 농촌 계몽운동 차원에서 만들어진 곳 같다. 어머니는 누에학교에서 누에 치는 방법을 배워 명주를 뽑아냈다. 무슨 일이든 척

척 해내는 '엄마는 요술쟁이가 아닐까?'라고 어릴 적 제법 심각하게 생각한 적이 있었다. 몇십 년 전의 기억이 타국에서 이리 생생하다니. 불현듯 찾아든 그리움을 참으며 그곳을 떠났다.

터키의 작은 마을에는 특이한 풍습이 전해져 내려온다. 집집마다 굴뚝에 유리병이 간간이 꽂혀 있었다. 가이드 말로는 그렇게 병이 꽂혀 있는 집은 '결혼을 할 나이가 된 처녀들이 있는 집이니 중매 해주세요'라는 표시이다. 중매쟁이와 총각 집안 어머니가 오면 처녀들은 잠시 이야기를 나누다 전통차를 내온다.

처녀는 총각이 마음에 들면 총각의 차에 설탕을 타서 내오고 마음에 들지 않으면 소금을 타서 내온다고 한다. 모두 조용히 담소하며 차를 마시고 나오는데 총각은 차의 맛을 보고 처녀의 마음을 헤아린다고 한다. 얼마나 지혜롭고 재미있는 풍습인지 일행들은 깔깔거리며 웃고 다시 젊은 시절로 돌아간 듯 그리 해보고 싶다고 야단이었다. 다른 문화를 접할 때의 생소한 즐거움은 여행하는 즐거움 중 최고다. 마을을 빠져나오기가 아쉬웠다.

우린 보리밭을 다시 지나고 밀밭을 거슬러 돌산을 향해 걸었다. 성지를 조심스레 밟는 순례자들처럼 사뭇 경건해졌다.

그렇게 해가 지고 있었다. 노을 저편으로 예수님이 죽기 전 어머니 마리아를 요한에게 부탁하셨고, 그 요한이 성모마리아를 모시고 에페소로 와서 불물산 위에 집 한 채를 지어 드렸다. 말년에 예수를 잃고 성모로서 말년을 보낸 곳이 보였다. 발견 당시 거의 집터만 폐허로 남아 있었지만 1961년 교황에 의해 성지로 공식 선포되었고 이후 복원되어 많은 사람들이 찾는다. 집 아래쪽으로 샘물이 성수로 흐르고 있었다. 사람들 속으로 다시 흐르고 있었다. 그들이 마신 물은 물이 아니라 모성이었고, 세상의 어미를 안쓰러워하던 예수의 생명수이기도 했다.

풍경을 등지고 앉아 가슴에 담은 터키를 떠올려보았다. 성지로 불리는 곳에 사는 이들, 베틀에 앉아 베를 짜는 평범한 모습들, 그저 우리네 사는 것과 다르지 않은 낯익은 삶의 풍경들, 세계가 왜 하나인지 알 듯도 하다. 터키의 푸른 뽕나무밭에서 만난 내 어머니와 죽음을 앞두고 어머니를 부탁하고 떠난 아들 예수가 어머니와 나누던 눈빛으로 터키를 기억하고 싶다.

푸른색 터키석으로 만든 그리 비싸지 않은 돌조각 몇 개를 샀다. 줄을 달면 바로 목걸이로 만들 수 있는 돌이었다. 가슴에 다 담지 못하는 터키의 추억을 그 돌조각 속에 새겨 넣었다. 그리움 하나를 돌산에 가만히 놓아두고 가야겠다.

터키 : 2022년 1월 '튀르키예'로 개명

다시,
집으로

소한, 대한 다 지나면 얼어 죽은 사람이 없다는 말이 있다. 그렇지만 그 절기가 지나도록 몇 번의 강추위가 지나간다. 대한 추위 속에 눈 소식을 들으며 남도 여행길에 나선다. 남쪽 지방에 사는 사람들은 눈이라고 하면 여행만큼이나 설렌다.

부산을 떠난 지 몇 시간도 지나지 않아 설원이 펼쳐진다. 우리나라가 아닌 것처럼 낯선 풍경으로 다가온다. 가슴 깊은 곳에서 일행 모두 함성이 터져 나온다.

첫 도착지는 세계문화유산으로 지정된 고창군 죽림리에

있는 447개의 고인돌 유적지이다. 존재의 무게는 얼마만큼 일까. 거대한 고인돌이 안고 있는 시간은 얼마쯤 될까.

며칠째 내린 눈인지 아니면 고인돌 아래 묻힌 시간만큼의 이전에 온 눈인지, 눈이 시리도록 아름답다. 고요의 무게가 마음을 평온하게 만든다. 석기시대며 청동기 시대며 역사 시간에서 배운 시간 너머의 저 시대들이 눈앞에 가슴속에 선명하게 다가온다. 고인돌은 그 오랜 시간을 받치고 하나의 거대한 물상으로 우리 앞에 섰다. 아무런 생각 없이 보면 넓은 들에 거석으로만 보이지만 억겁의 세월 속에 사람이 살다간 흔적이지 않은가. 권력 아래서 노동한 사람들 생각에 가슴이 아린다. 고인돌 앞쪽으로는 움막이 지어져 있다. 움막에 들어가 보며 우리가 얼마나 편리한 시대에 살고 있는지 실감한다.

사람들을 지난 일들을 잊지 않고 기억하려 한다. 현재 그리고 미래를 위해 달리면서도 뒤돌아보며 지난날을 그리워한다. 과거가 없었다면 현재가 있을 수 없다. 과거는 지금의 우리를 만든 원재료다.

거석만큼이나 무거워진 가슴으로 발걸음을 돌린다. 봄이면 철쭉으로 붉게 물들 선운사를 향한다. 스치는 곳, 단 한 번 시선 닿는 곳마다 절경이다. 새의 날갯짓에 하얗게 떨어져 내리는 눈이 빛이 부서져 내리는 것 같다. 부도 명예도 이 풍경 속에서는 오히려 초라해 보인다.

겨울 선운사는 얼어붙어 있다. 땅에 발을 디디자 발을 튕겨 내기라도 하려는 것처럼 딱딱하다. 일행은 얼음판 위를 걸음마를 배우는 아이처럼 조심조심 걷는다. 나무마다 설화가 만개했다. 장난스럽게 나무를 건드려 보는 사람들 머리 위로 눈이 쏟아져 내린다. 왁자한 웃음소리가 선운사를 돌아 다시 우리에게로 돌아온다. 바람에 흔들려 풍경소리처럼 맑다. 눈꽃만이 아니다. 푸른 동백나무가 꽃봉오리를 달았다. 손을 대면 금방이라도 붉은 동백꽃을 피워 올릴 것만 같다. 신라 시대 진흥왕이 깨우침을 얻었다는 토굴과 상사화의 푸른 잎들 그리고 드라마 〈대장금〉을 촬영한 만월대를 보며 우린 한 편의 드라마 속 주인공이 된 기분이다.

선운사 그 깊은 겨울을 뒤로하고 내려오는데 어디선지 풍경소리인 듯 음악 소리가 들려 온다. 산중의 찻집이다. '도솔'이라는 찻집에서 그리 따뜻한 음악으로 우리를 부르고 있다. 나그네 쉴 곳이 그러한 곳 아닐까. 갖가지 야생차와 만지기도 아까운 도기들을 보며 차 한 잔씩을 청한다. 노란 야생 들국화 꽃잎을 띄운 국화차의 은은한 향이 추위를 녹이기에 충분하다. 문정희 시인의 시구처럼 이대로 폭설이라도 내려 갇혀 버렸으면 하는 생각이 간절하다. 내 생애 이토록 아름다운 시간과 만나는 날이 얼마나 더 있을까!

휴식을 취한 우리는 국화 향을 머금고 다시 길을 떠난다. 설원을 달리고 달려 멈추지 않고 달리고 싶다. 겨울 햇살을 달고 전남 백양사에 도착했다. 대웅전 뒷마당에 아직도 따지 않고 둔 감이 많이 달려 있다. 이곳에서는 새도 욕심이 없나 보다. 눈에 덮인 붉은 감은 속세의 사람들에게는 마치 보석처럼 보인다. 손이 닿으면 한 개 따서 만져 보고 싶을 정도다.

명종이 하사했다는 박수량의 백비 앞에 섰다. 얼은 감조차 따고 싶었던 욕심이 못내 부끄럽다. 죽은 후 비석에 아무 말도 적지 말라는 유언을 한 박수량의 고결하고 청렴한 삶을 되짚어 보며 산사를 둘러본다. 텅 빈 산사의 정적을 깨는 것 같아 입을 다물고 옷깃을 여민다.

김인후의 학덕을 추모하기 위하여 세운 필암서원을 돌아본다. 장성군 소재의 필암서원에서는 매년 4월에 김인후 선생을 기리는 춘향제를, 9월에는 추향제를 연다. 김인후는 조선 중기 문신으로 세자였던 인종을 가르친 스승이다. 인종이 즉위 후 9개월 만에 사망하고 을사사화가 일어나자 고향으로 돌아와 성리학 연구와 후학 양성에 정진했다. 속세의 명예에 연연하지 않고 학문에 집중한 인물을 생각하며 마음속의 찌꺼기가 정화하고 새로운 생각이 채워진다. 여기에 지금 내가 선 의미가 있을 터였다. 비우고 또 채우고.

마지막으로, 홍길동의 생가를 복원해 놓은 전남 아치실 마을로 떠난다. 더러 익명이 필요할 때 사람들은 홍길동이라고 쓴다. 서자라는 슬픈 출생의 비밀을 가진 인물이다. 어린 시절 사내아이들은 홍길동이 되고 싶어 했다. 부패로 얼룩진 세상에서 나쁜 일과 맞싸워 착한 사람을 지켜내려는 사람이 되고 싶어 했다. 긴 작대기를 구해 칼싸움을 연습하고 태권도를 배우기도 하고 약한 친구를 괴롭히는 아이들을 용감하게 혼내주었다. 그들은 우리들의 영웅이었다. 요즘은 영웅이 사라진 것 같다. 난세에 영웅이 나온다고 했지만 옛이야기가 되고 말았다.

마을은 아름드리 감나무와 시누대에 둘러싸였다. 생가터에서 가까운 암탉골 계곡에는 사철 맑은 물이 흐르는 길동샘이 있다. 이야기 속에서만 등장하던 인물을 사실적으로 대하니 오히려 더 실감이 나지 않는다. 역사는 흐르고 시간을 잡아두려는 사람들로 역사는 멈추고 있는 것 같다. 어디선가 홍길동이 휘익 바람을 가르며 나타날 것도 같다.

설원으로의 눈부신 여행, 짧은 겨울 해처럼 하루 여행이 끝났다. 겨울은 여전히 바람에 눈발을 날려 보내고 햇살을 투영해 눈부신 풍경으로 우리를 어디론가 떠나보낸다. 또다시 눈

속을 달려 집으로 돌아간다. 아무리 멋진 여행도 돌아갈 집이 없다면 그리 좋기만 할까.

박문자 여덟번째 수필집

오빠와 주꾸

초판1쇄 인쇄 2022년 8월 25일
초판1쇄 발행 2022년 8월 31일

지은이 박문자
펴낸이 이길안
펴낸곳 세종출판사

주소 부산광역시 중구 흑교로 71번길 12 (보수동2가)
전화 051－463－5898, 253－2213~5
팩스 051－248－4880
전자우편 sjpl5898@daum.net
출판등록 제02-01-96

ISBN 979-11-5979-531-2 03810

정가 15,000원

부산광역시 BUSAN METROPOLITAN CITY 부산문화재단 BUSAN CULTURAL FOUNDATION
본 도서는 2022년 부산광역시, 부산문화재단 부산문화예술지원사업으로 지원을 받았습니다.